親鸞聖人の自筆にふれる

正信念佛偈

東本願寺出版

親鸞聖人「安城御影《あんじょうのごえい》」（東本願寺蔵）

1255（建長7）年、83歳の時の親鸞聖人を描いた画。
三河国《みかわのくに》（愛知県）の安城に伝わったことから、「安城御影」と呼ばれる。

はじめに

浄土真宗の宗祖である親鸞聖人《しんらんしょうにん》は、九十年の生涯において、多くの著述を遺されました。その中でも、主著として、また最も重要な書として浄土真宗で受け止められているのが『顕浄《けんじょう》土《ど》真実教行証文類《しんじつきょうぎょうしょうもんるい》（教行信証《きょうぎょうしんしょう》）』です。「教巻《きょうのまき》」「行巻《ぎょうのまき》」「信巻《しんのまき》」「証巻《しょうのまき》」「真仏土巻《しんぶつどのまき》」「化身土巻《けしんどのまき》」の六巻から構成される書で、真宗門徒が朝・夕のお勤めで親しんでいる「正信念佛偈《しょうしんねんぶつげ》（正信偈《しょうしんげ》）」は、この『教行信証』「行巻」の終わりに記されています。

『教行信証』は、門弟によって書写された書写本（西本願寺本・高田専修寺本など）が遺されていますが、親鸞聖人の自筆本（坂東本《ばんどうぼん》）も現存しています。この坂東本は、親鸞聖人が最晩年にいたるまで、書き直しや訓点の書き足しなど推敲を続けられた思索の跡を窺うことができます。

本書では、親鸞聖人の思索の跡、また筆使いにふれていただくことを願い、『教行信証』（坂東本）の「正信偈」部分を写真で紹介しています。また、付録として、親鸞聖人の修訂の跡を示した頁や坂東本に記された文字を精確に活字化した翻刻、読解の参考として書き下しや語註、略年表を付した頁を設けています。

本書をとおして、お一人お一人が「正信偈」を執筆された親鸞聖人のお心にふれていただく機縁となることを念願しております。

東本願寺出版

目次

〈凡例〉

- 本書中の真宗聖典とは、東本願寺出版発行の『真宗聖典 第二版』を指します。

一・『教行信証』について

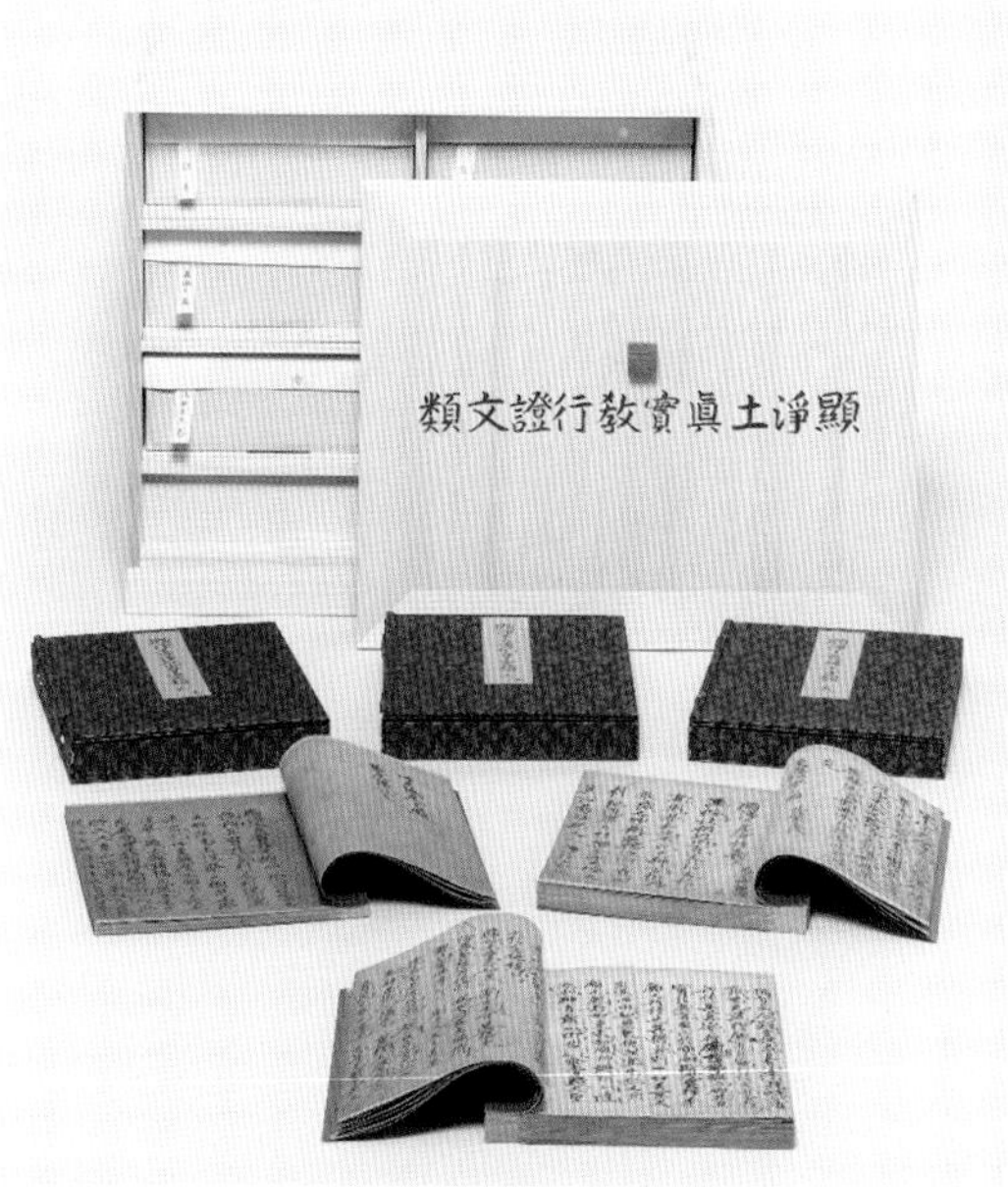

国宝『顕浄土真実教行証文類』（教行信証）坂東本
〈東本願寺蔵〉

坂東本『教行信証』について

三木彰円

真宗大谷派（東本願寺）に蔵される「坂東本《ばんどうぼん》」と呼ばれる『顕浄土《けんじょうど》真実教行証文類《しんじつきょうぎょうしょうもんるい》』（『教行信証《きょうぎょうしんしょう》』）は、現存する唯一の親鸞聖人自筆の『教行信証』であり、昭和二十七（一九五二）年には国宝に指定されています。

坂東本は全六巻からなり、第一冊「総序《そうじょ》・教巻《きょうのまき》・行巻《ぎょうのまき》」、第二冊「信巻《しんのまき》」、第三冊「証巻《しょうのまき》」、第四冊「真仏土巻《しんぶつどのまき》」、第五冊「化身土巻本《けしんどのまきほん》」、第六冊「化身土巻末《けしんどのまきまつ》」となっています。

全体はおおむね袋綴《ふくろと》じ①ですが、一枚の切り紙の表裏に本文を記す箇所②、紙の折り目側を綴じて一枚の紙につき四面に本文を記す箇所③、巻子本《かんすぼん》を袋綴じに仕立てた箇所④（化身土巻『大集経』引用箇所）など特異な綴じの状況がみられます。

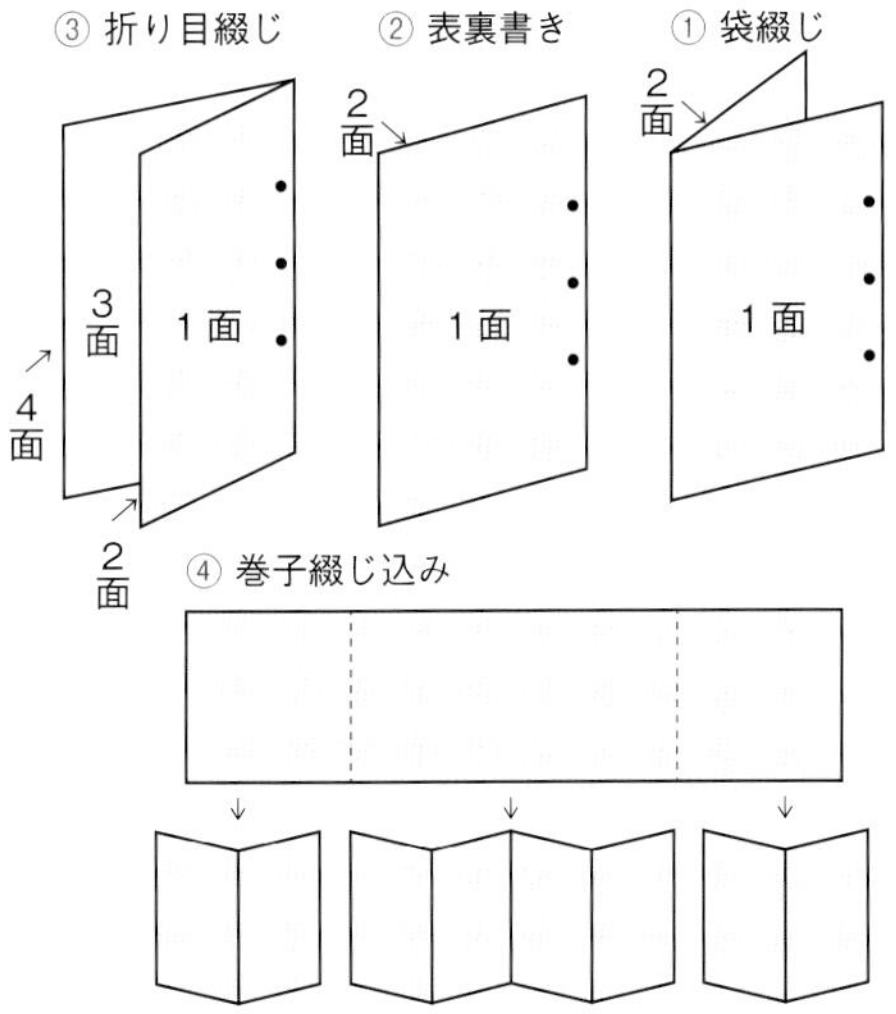

本文の大部分は、親鸞聖人六十歳頃の筆で整然と記され、さらにそれ以降、最晩年にまで及ぶ筆の跡が見られます。本文の多くの箇所に墨や朱による加筆訂記がなされ、詳細に施された返《かえ》り点《てん》、送り仮名や左訓《さくん》等の訓点《くんてん》にもさまざまに訂記が加えられています。また綴じの折り目を切り開いて本文が書き加えられた箇所も存在し、いずれも坂東本の成立過程を考察する上で重要なものです。

坂東本本文の余白には、「∧」や「个」の書き込みがなされるほか、

みき・あきまる
1965年、宮崎県生まれ。大谷大学教授（真宗学）。聖教編纂室特別編纂研究員。真宗大谷派宗宝宗史蹟保存会委員として「坂東本」修復・復刻事業に参加。

本文の左右に傍線が引かれた箇所が多くあります。それらの記号や傍線は「合点《がってん》」と呼ばれるもので、坂東本の著者たる親鸞聖人自身が繰り返し本文の読み込みを重ねて記入したものです。

これらの状況と前述した本文や訓点の加筆訂記の状況は、坂東本が親鸞聖人自身の所持本であり、晩年の約三十年間、その手元に置かれた一本であるという事実を示すものと考えられます。

通常、手を加え書き続けていくということは、その書物が未完成であるからと考えます。しかし、坂東本はそうではありません。自らが出《で》遇《あ》った明確な教えがあるからこそ、人間の身に起こるさまざまな問題を日々新たに教えに尋ねていかれた、その「聞思」の姿勢によって、手を加え続けられたのです。親鸞聖人にとって「書く」とは、単なる主張の表現というより、自らが聞き取った教え、また「今」この時に教えに出遇い通していくことから生まれてくる喜びを確かめていく営みだったと思われます。

なお「坂東本」の通称は、これが親鸞聖人の高弟・性信《しょうしん》が開基の坂東《ばんどう》報恩寺《ほうおんじ》に長く伝持されてきたことにちなむものです。坂東本には性信の署名・花押《かおう》が記されており、ある一時期、性信が伝持したことが知られますが、親鸞聖人入滅後、坂東本伝持の具体的な経緯については検討すべき課題が多く残されています。

坂東本の全容が初めて内外に公開されたのは、大正十一（一九二二）年、真宗大谷派が立教開宗《りっきょうかいしゅう》七百年を記念して坂東本の原寸大複製を刊行した時でした。その翌年、坂東本は関東大震災で被災し大きな被害を受けました。当時、坂東本は浅草別院の経蔵《きょうぞう》の金庫に保管されていましたが、震災による火災に曝《さら》されたのです。幸いに焼失という事態は免れましたが、熱を被ったことにより表紙の崩落や本紙の変質など緊急に修理を要する状態になりました。

その後、坂東本は京都に移され、国宝指定の後、昭和二十九（一九五四）年に全面的な修理が行われました。赤松俊秀氏が監督にあたったこの修理は、全体の綴じを開き、本紙に補修補強を加え、坂東本本来の形態を復元し綴じ直すというものでした。この修理の中で確認された状況を踏まえて、昭和三十一（一九五六）年に大谷派から七百回御遠忌《ごえんき》を記念して原寸大の複製が再刊行されました。

　昭和二十九年の修理から約五十年を経た平成十五（二〇〇三）年、大谷派では七百五十回御遠忌記念事業として坂東本の修復に着手しました。昭和二十九年以降の時間の経過の中で、坂東本本紙の綴じ目付近の数ヵ所に折れや小さな裂け目が生じていることが確認されました。それらの損傷は現時点では小さなものですが、放置すれば今後の保存に重大な支障をもたらすことにもなります。多くの先人が伝えてきた坂東本を万全の状態で後代の人々に伝えていくことを願いとして補修が行われたのです。

　この補修と併せて平成十七（二〇〇五）年に御遠忌記念事業として坂東本の精細なカラー影印本《えいいんぼん》が大谷派から刊行されました。このカラー影印本は坂東本の墨の濃淡、朱筆《しゅひつ》部分の状況だけではなく、用いられている紙の状況や紙質までも忠実に再現しています。これによって、坂東本そのものを直接手にし、目の前にするがごとくに私たちが坂東本を学んでいくことが初めて可能になったといっても過言ではありません。

　私たちにとって坂東本が何よりも大切であるのは、『教行信証』を執筆する親鸞聖人その人の息づかいまでも感じさせてくれるという点にあります。そこに書かれた文字一つひとつの筆の運びをはじめとして、坂東本のすべてが私たちに示すのは、常に関東の門弟たちを「御同朋《おんどうぼう》御同行《おんどうぎょう》」と憶念《おくねん》しつつ本願念仏《ほんがんねんぶつ》の教えのもとに生涯を尽くした親鸞聖人の姿であり、同時にまた、その親鸞聖人を「宗祖」と仰いでいった多くの念仏者の存在にほかなりません。

　八百年にも及ぶ時を経てなお、親鸞聖人自筆の「坂東本」に私たちは接することができます。その一文字一文字の内にある親鸞聖人の「真宗」流通《るずう》の志願と、ただ念仏して生涯を尽くしていった無数の人々の無《む》窮《ぐう》の志願を、坂東本をとおして私たちが聞き取っていく、真宗に生きる者となる歩みに立つことの大切さが思われます。

「坂東本」の特徴

親鸞聖人の真筆である「坂東本」の、親鸞聖人の思索の足跡を知る手掛かりとなるさまざまな特徴について、「正信偈」が書かれている部分を中心に注目してみましょう。

Point 1 朱筆《しゅひつ》

「坂東本」には、本文や訓点（返り点・送り仮名・左訓等）について、墨筆に加えて、朱筆が用いられています。いったん墨筆で記された語句が朱筆で書き替えられた箇所や、また新たに朱筆で書き加えられた箇所が多く確認でき、「坂東本」の大きな特徴と言えます。

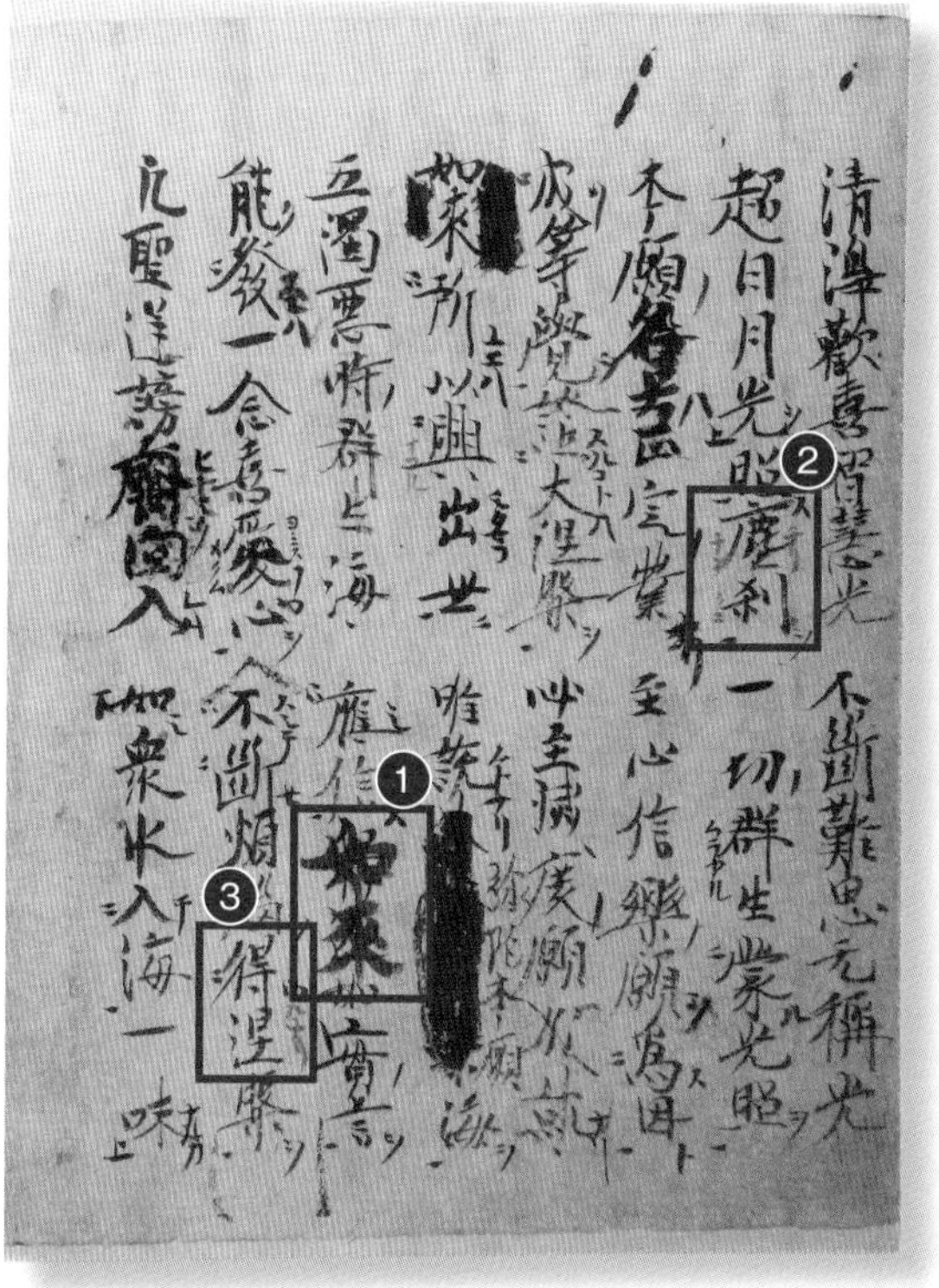

Point 2 左訓《さくん》・右訓《うくん》

註記の一種で、本文の左右に、語句の説明や漢字の読みなどを記したものを「左訓」「右訓」と言います。ここでは、「超日月光照塵刹《ちょうにちがっこうしょうじんせつ》」の「塵」の右訓に「チリ」と字の意味を、左訓に「チン（ぢん）」と字の音が示されています。また、「刹」の左訓には「クニ」と字の意味が示されています。

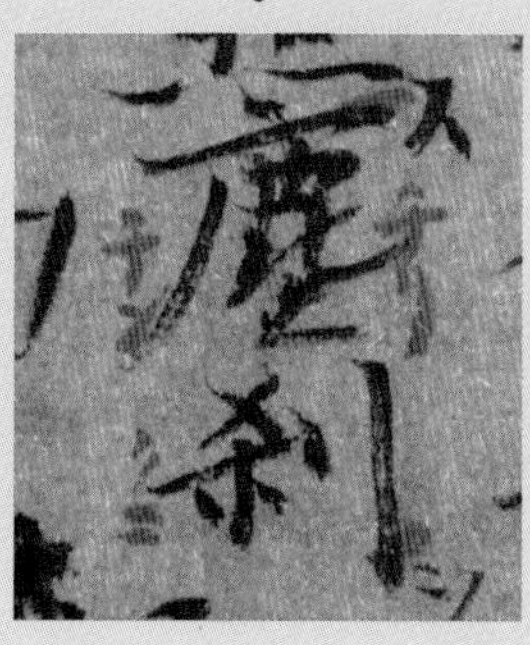

Point 3 送り仮名

『教行信証』全体において、本文に対して送り仮名がふられています。送り仮名は、漢文(白文)で書かれたものを文章（和語）としてどのように了解するのかという問題に関わる重要なものです。ここでは「涅槃を得」の「得」の字にまず、「ウ」と墨記され、その後、朱筆で「ルナリ」と追記されており、何度も推敲された様子が見て取れます。

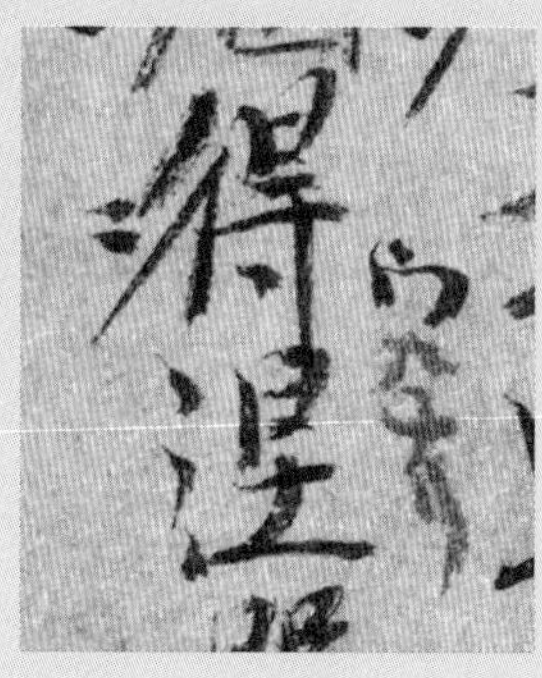

4 余白に見られる註記

「坂東本」の上欄・下欄の余白には、「∧」や「个」の記号が記された箇所が見られ、その本文や語句に注意を払うことを示すものだと考えられています。ほかにも余白上欄には、本文の字義や字音、意味を確認する註記を見ることができます。右から左、左から右などさまざまな向きに記されており、冊子が綴じられた状態のまま記されていることがわかります。

上欄「衍字」「航字」の註記（行巻）

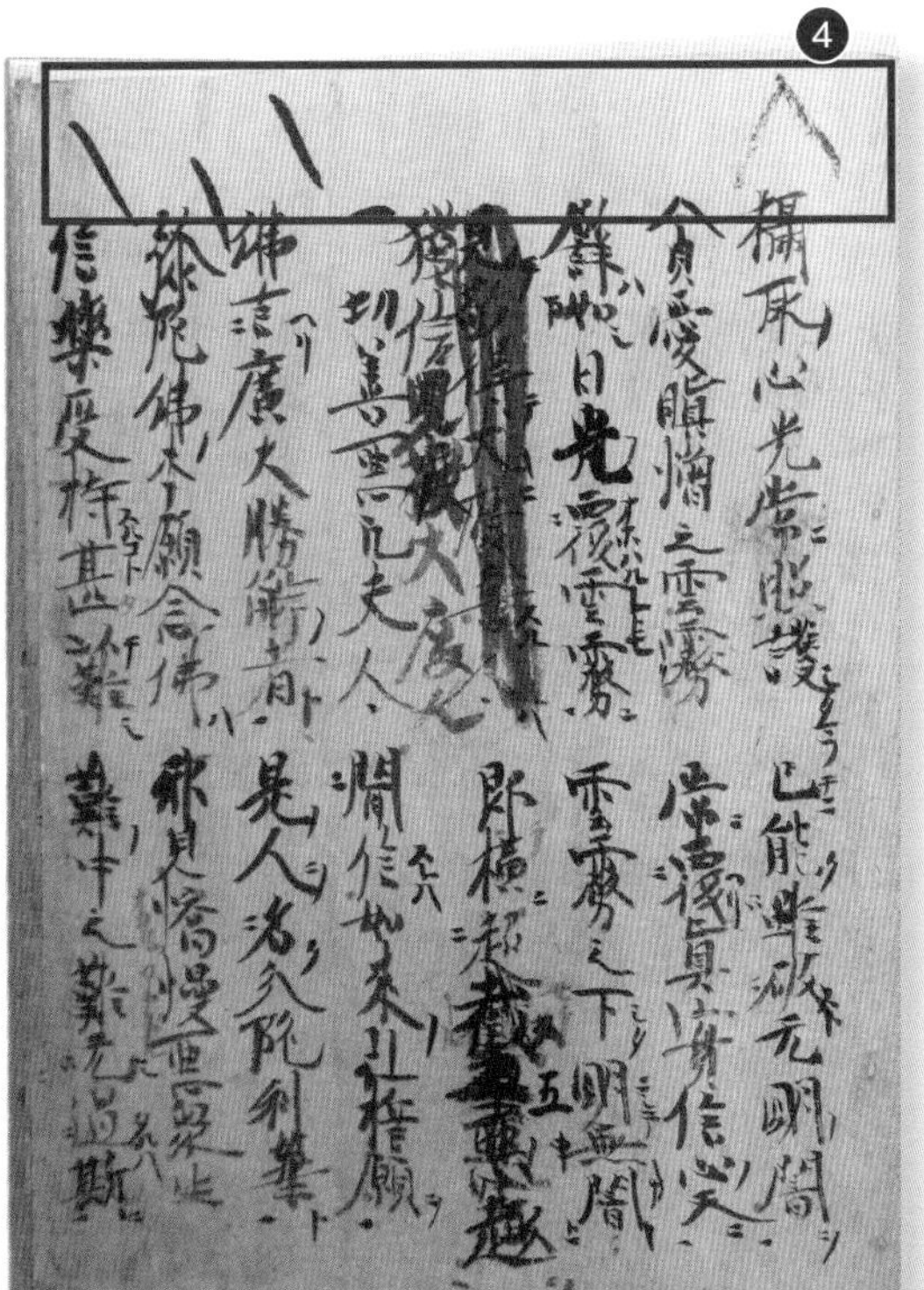

5 要文《ようもん》の追加・削除

「坂東本」の中には、要文を追加したり、削除されている箇所が見られます。『教行信証』は、さまざまな経典や論書の中から要文を集めて、それぞれの巻ごとの主題にそって配列したものです。どういった要文が引かれているかはもちろんのこと、その配列によっても思想が表現されており、それぞれの要文の位置づけに親鸞聖人が注意を払っていたことがわかります。

10行にわたる本文が削除されている（化身土巻）

6 角筆点《かくひってん》

角筆点とは、象牙・竹・木などの先をとがらせて作った筆記用具（角筆）によって記載された文字や符号で、奈良・平安以降の文献によく見られます。紙をくぼますことで記されるもので、目視では確認しにくく、坂東本の角筆点は二〇〇三年七月から行われた修復・復刻事業の取り組みの最終段階で発見されました。

「ハカラフ」の角筆

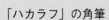

二・「正信偈」について

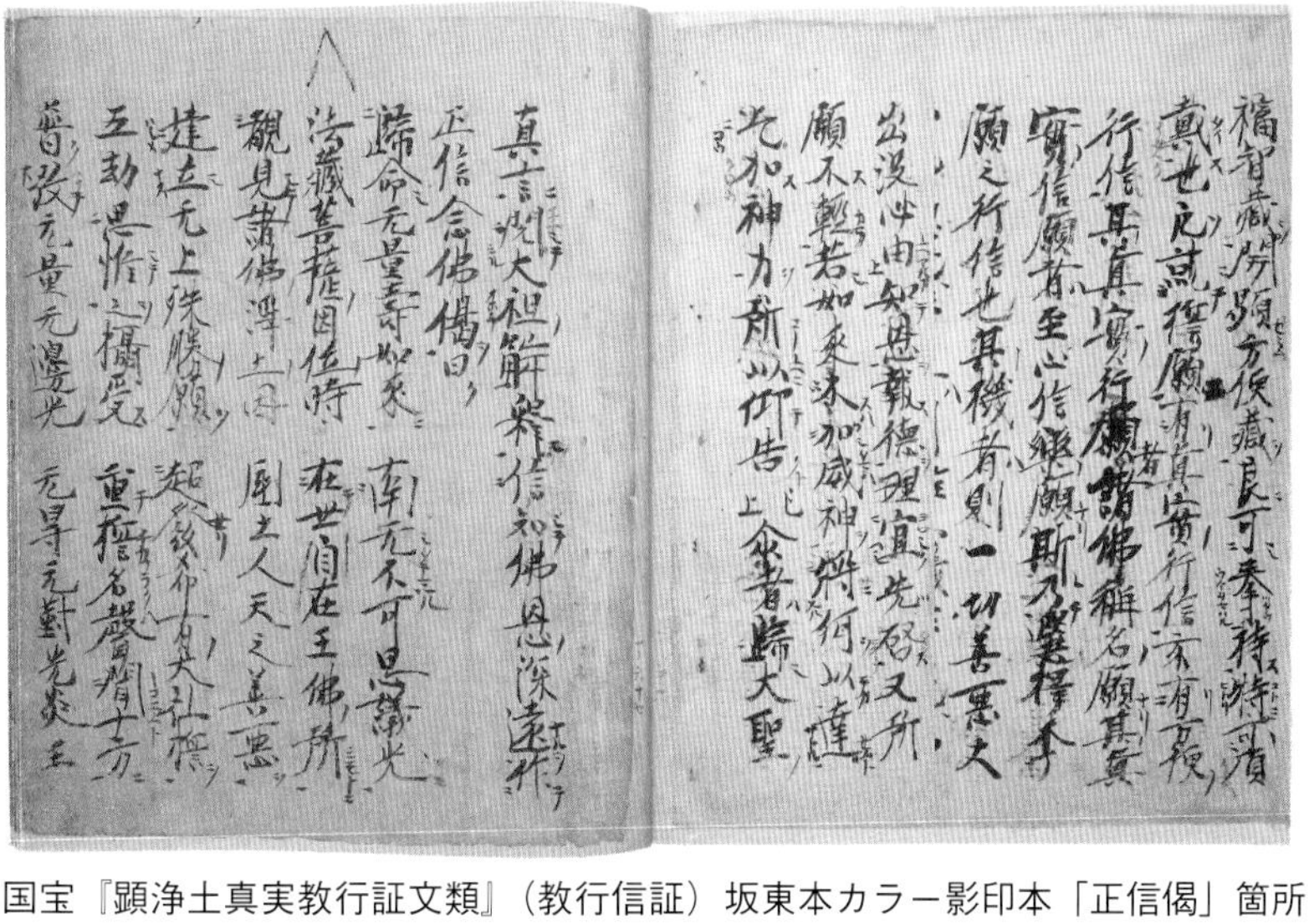
真言閲大祖解釈信知佛恩深遠作
正信念佛偈曰
帰命无量寿如来　南无不可思議光
法蔵菩薩因位時　在世自在王佛所
覩見諸佛浄土因　国土人天之善悪
建立无上殊勝願　超発希有大弘誓
五劫思惟之摂受　重誓名声聞十方
普放无量无辺光　无导无対光炎王

国宝『顕浄土真実教行証文類』（教行信証）坂東本カラー影印本「正信偈」箇所

「正信偈」とは

「正信偈」は、正式には「正信念《しょうしんねん》佛偈《ぶつげ》」といい、浄土真宗の根本聖典である『教行信証』「行巻」の終わりに記されています。親鸞聖人が深い感動をもって受け取られた、本願念仏の教えを、親しみやすい偈《げ》頌《じゅ》（歌）の形式で書き記され、私たちに伝えてくださったものです。真宗門徒が朝・夕のお勤めに用いている「正信偈」は、七文字を一句とし、六十行百二十句からなっています。親鸞聖人の言葉の中でも、最も親しまれている聖教《しょうぎょう》の一つです。

「正信偈」の冒頭には、「帰命無《きみょうむ》量寿如来《りょうじゅにょらい》　南無不可思議光《なむふかしぎこう》」の二句が置かれています。これは、親鸞聖人が、生きる依《よ》りどころを発見したよろこびの表現ともいうべきものです。このよろこびを与えてくれるはたらきを、感謝の念とともに尋ねていかれたのが「正信偈」です。

親鸞聖人の自筆である「坂東本」の「正信偈」の箇所を見てみると、何度も書き直され、推敲されている様子がわかります。現在私たちがお勤めする「正信偈」の言葉が生まれてくるまでには、聖人の思索が重ねられているのです。

「正信偈」六十行百二十句の最後は、「唯可信斯高僧説《ゆいかしんしこうそうせつ》（唯斯《ただこ》の高僧の説を信ずべし）」と締めくくられています。ここで言われる「高僧」とは、「七高僧《しちこうそう》」と呼ばれる七人の高僧方のことで、インドの龍樹菩薩《りゅうじゅぼさつ》、天親《てんじん》菩薩、中国の曇鸞大師《どんらんだいし》、道綽禅師《どうしゃくぜんじ》、善導大師《ぜんどうだいし》、日本の源信僧都《げんしんそうず》、源空《げんくう》（法然《ほうねん》）上人《しょうにん》の七人です。

「正信偈」は、全体を大きく二つの部分に分けて考えることができます。前半（帰命無量寿如来～難中之難無過斯）は「依経分《えきょうぶん》」と呼ばれ、阿弥陀仏の本願やお釈迦さまについて述べられます。後半（印度西天之論家～唯可信斯高僧説）は「依釈分《えしゃくぶん》」と呼ばれ、三国《さんごく》の七高僧について述べられています。

私たちが日々お勤めする「正信偈」には、阿弥陀仏の本願に加えて、それらを私たちにまで伝えてくださった七高僧の恩徳が讃えられているのです。

七高僧について

龍樹菩薩《りゅうじゅぼさつ》

（一五〇～二五〇年頃、南インド）

龍樹は梵語ナーガールジュナの意訳語。有無の見を破す空の思想の大成者で「八宗《はっしゅう》の祖《そ》」と仰がれる（八宗とは、三論《さんろん》・成実《じょうじつ》・法相《ほっそう》・倶《く》舎《しゃ》・華厳《けごん》・律宗《りっしゅう》の南都六宗に天台《てんだい》・真《しん》言《ごん》の二宗を加えたもの）。著書は『中《ちゅう》論《ろん》』『十二門論《じゅうにもんろん》』『大智度論《だいちどろん》』『十《じゅう》住毘婆沙論《じゅうびばしゃろん》』など。

天親菩薩《てんじんぼさつ》

（四〇〇年頃、北インド）

天親は梵語ヴァスバンドゥの意訳語で、世親《せしん》とも訳される。初め部派仏教の説一切有部《せついっさいうぶ》で学んだが、兄・無著《むじゃく》の勧めにより、大乗に入ったといわれる。唯識《ゆいしき》思想の大成者。著書は『倶舎論《くしゃろん》』『唯識《ゆいしき》二十論《にじゅうろん》』『唯識三十頌《ゆいしきさんじゅうじゅ》』『浄土論《じょうどろん》』など。

曇鸞大師《どんらんだいし》

（四七六～五四二年、中国南北朝（北魏））

曇鸞は初め四論（『中論』『百論《ひゃくろん》』『十二門論』『大智度論』）を学んだが、病のため学業を中断せざるを得なくなったことから、不老長寿の法を求めて梁《りょう》の陶弘景《とうこうけい》（四五六～五三六）を訪ね、仙経を授かった。しかしその帰途、洛陽《らくよう》で菩提流支《ぼだいるし》三蔵の勧化を受けて、仙経を焚き捨て、浄土の教えに帰依した。天親菩薩の『浄土論』の註釈書である『浄土論註《じょうどろんちゅう》』を著し、自力・他力を決判すると同時に往還《おうげん》二回向を説いた。

道綽禅師《どうしゃくぜんじ》

（五六二～六四五年、中国南北朝・隋代）

道綽は初め『涅槃経《ねはんぎょう》』を学んだが、玄中寺《げんちゅうじ》で曇鸞大師の碑文を見て、浄土の教えに帰依した。『安楽集《あんらくしゅう》』を著して、聖道・浄土の二門を分かち、末法の世には浄土の教えこそ時機にかなうとした。

善導大師《ぜんどうだいし》

（六一三～六八一年、中国隋・唐代）

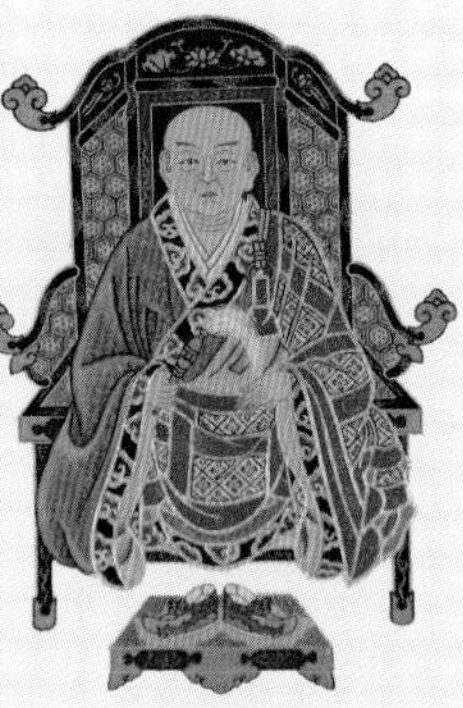

善導は光明寺和尚《こうみょうじかしょう》とも呼ばれる。道綽禅師の弟子。『観経疏《かんぎょうしょ》』（四巻）を著し、正行・雑行を判じて、称名念仏こそ往生浄土の正定業であると定めた。著書は他に『法事讃《ほうじさん》』（二巻）、『般舟讃《はんじゅさん》』（一巻）、『観念法門《かんねんぼうもん》』（一巻）、『往生礼讃《おうじょうらいさん》』（一巻）があり、『観経疏』とあわせて「五部九巻《ごぶくかん》」といわれる。

源信僧都《げんしんそうず》

（九四二～一〇一七年、平安時代）

源信は恵心《えしん》僧都とも呼ばれる。比叡山横川《よかわ》の首楞厳院《しゅりょうごんいん》で末法《まっぽう》思想を背景に『往生要集《おうじょうようしゅう》』を著し、専修・雑修、報土・化土を判じて、専修念仏による真実報土（浄土）への往生を勧めた。他に『横川法語《よかわほうご》』『一乗要決《いちじょうようけつ》』などを著した。

源空上人《げんくうしょうにん》

（一一三三～一二一二年、平安・鎌倉時代）

源空とは法然《ほうねん》上人のこと（法然は房号）。親鸞の師。初め比叡山で学ぶが、出離生死《しゅつりしょうじ》の道を求めて黒谷《くろだに》に籠り、一切経を五度も読破。善導大師の『観経疏』によって念仏の教えに帰した。京都吉水《よしみず》に念仏教団を形成し、『選択本願念仏集《せんじゃくほんがんねんぶつしゅう》』を著して、浄土宗を一宗として独立させた。親鸞によって「真宗興隆の大祖」と仰がれる。

※『解読教行信証 上巻』（教学研究所編）掲載の七高僧に関する註を基に掲載しています。
※七高僧の画像は、真宗大谷派（東本願寺）の寺院用授与物「七高僧御影」より転載しています。

三、親鸞聖人自筆「正信念佛偈」

〈凡例〉

掲載の写真は、『顕浄土真実教行証文類』（坂東本）の影印本を使用しています。また、各写真下部には、親鸞聖人の修訂の跡を紹介する本書の頁を記載しています。

なお、写真は紙面の都合上、影印本に対して約70％の縮尺にて掲載しています。

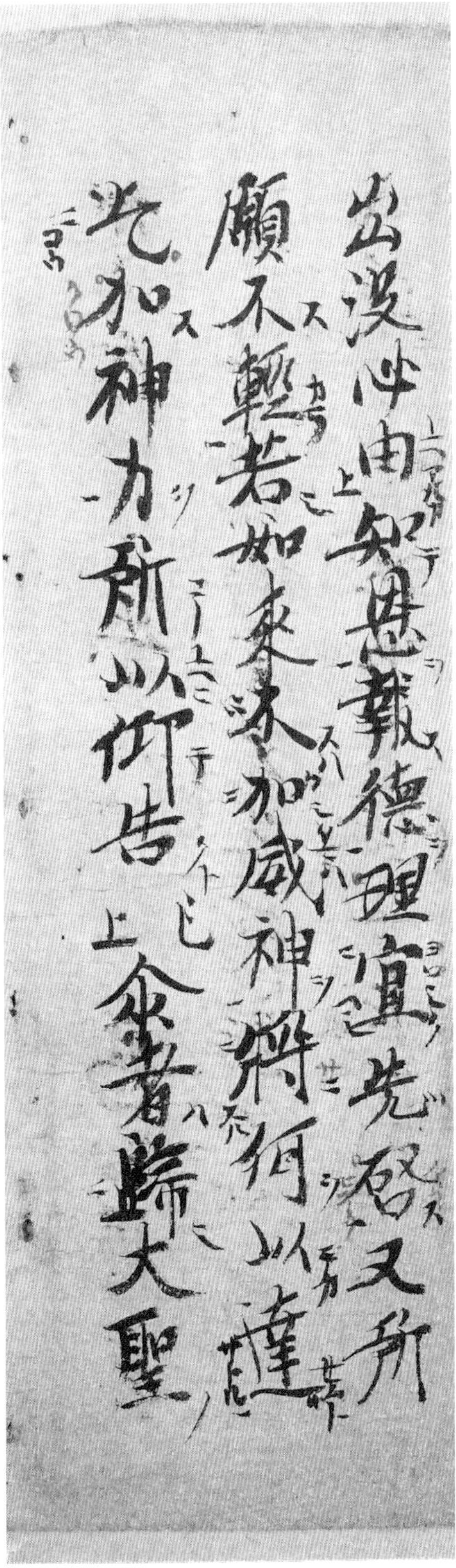

出沒此由知甚難德理宜先啓又所
願不輕若如來加威神將何以達
先加神力所以仰告上首普賢大聖

〈付録30頁〉

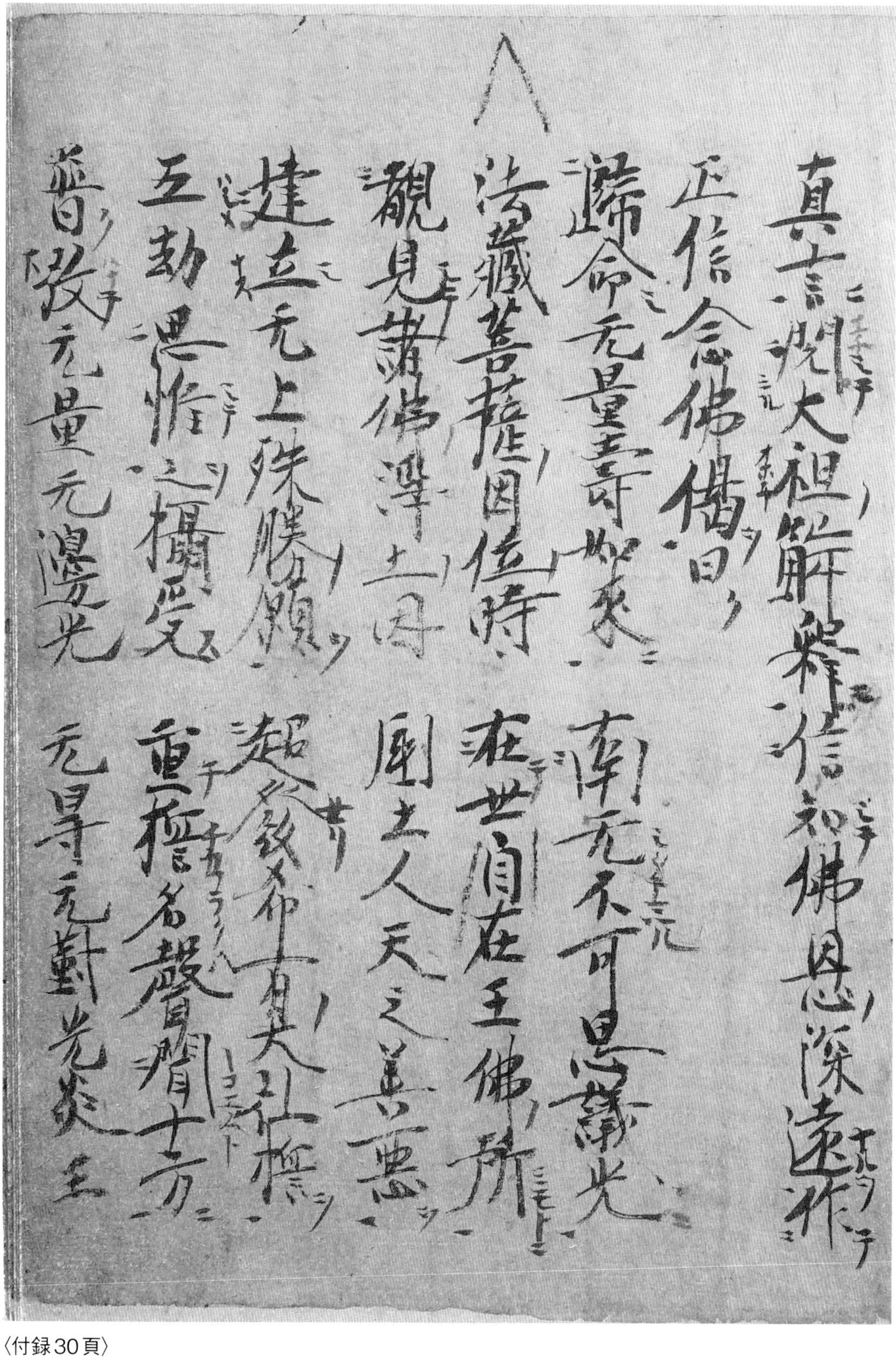

真言閲大祖解釈信知佛恩深遠作
正信念佛偈曰
帰命无量寿如来　南无不可思議光
法蔵菩薩因位時　在世自在王佛所
覩見諸佛浄土因　国土人天之善悪
建立无上殊勝願　超発希有大弘誓
五劫思惟之摂受　重誓名聲聞十方
普放无量无辺光　无碍无対光炎王

〈付録30頁〉

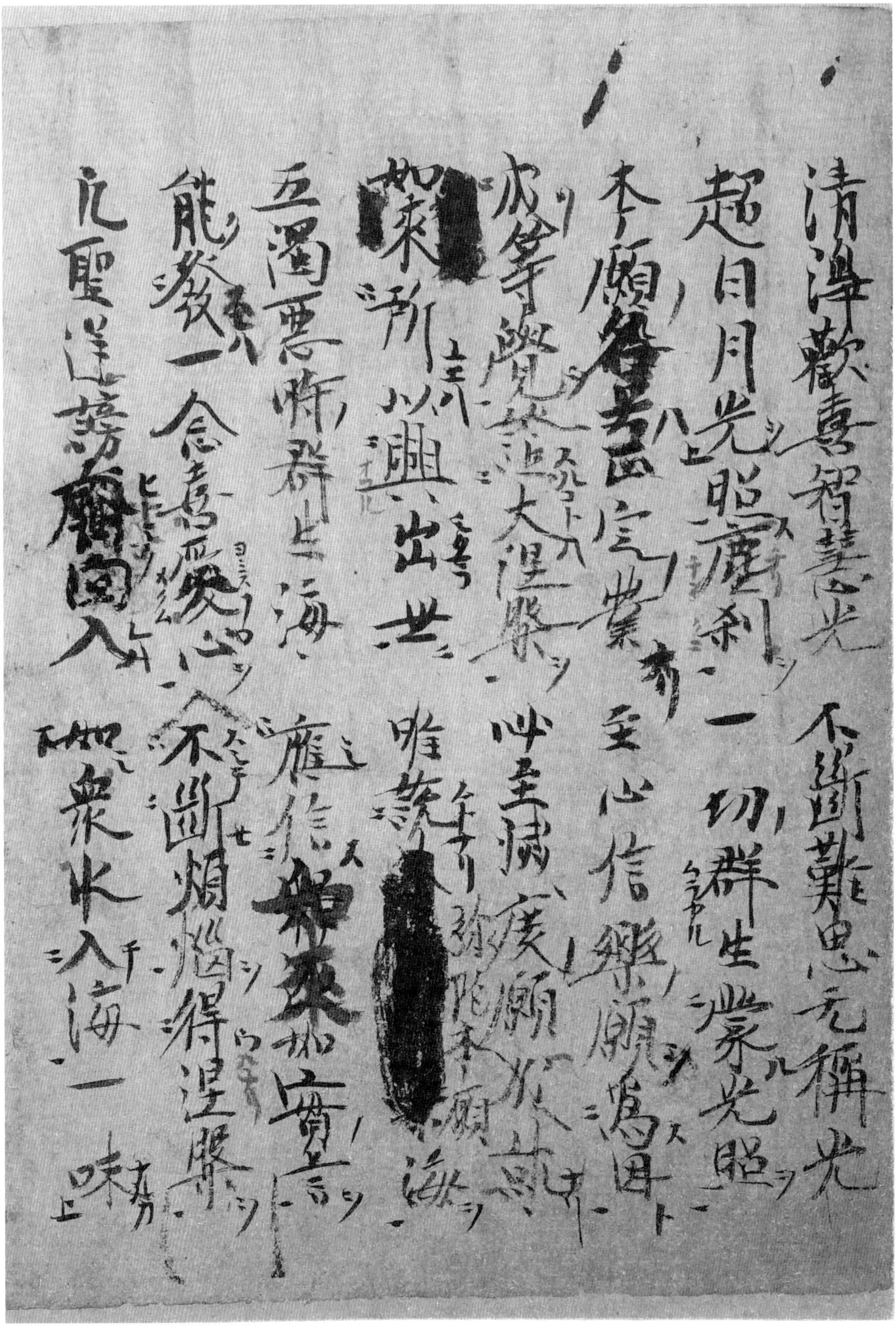
清浄歓喜智慧光　不断難思無称光
超日月光照塵刹　一切群生蒙光照
本願名号正定業　至心信楽願為因
成等覚証大涅槃　必至滅度願成就
如来所以興出世　唯説[redacted]弥陀本願海
五濁悪時群生海　應信如来如実言
能発一念喜愛心　不断煩悩得涅槃
凡聖逆謗斉回入　如衆水入海一味

〈付録32頁〉

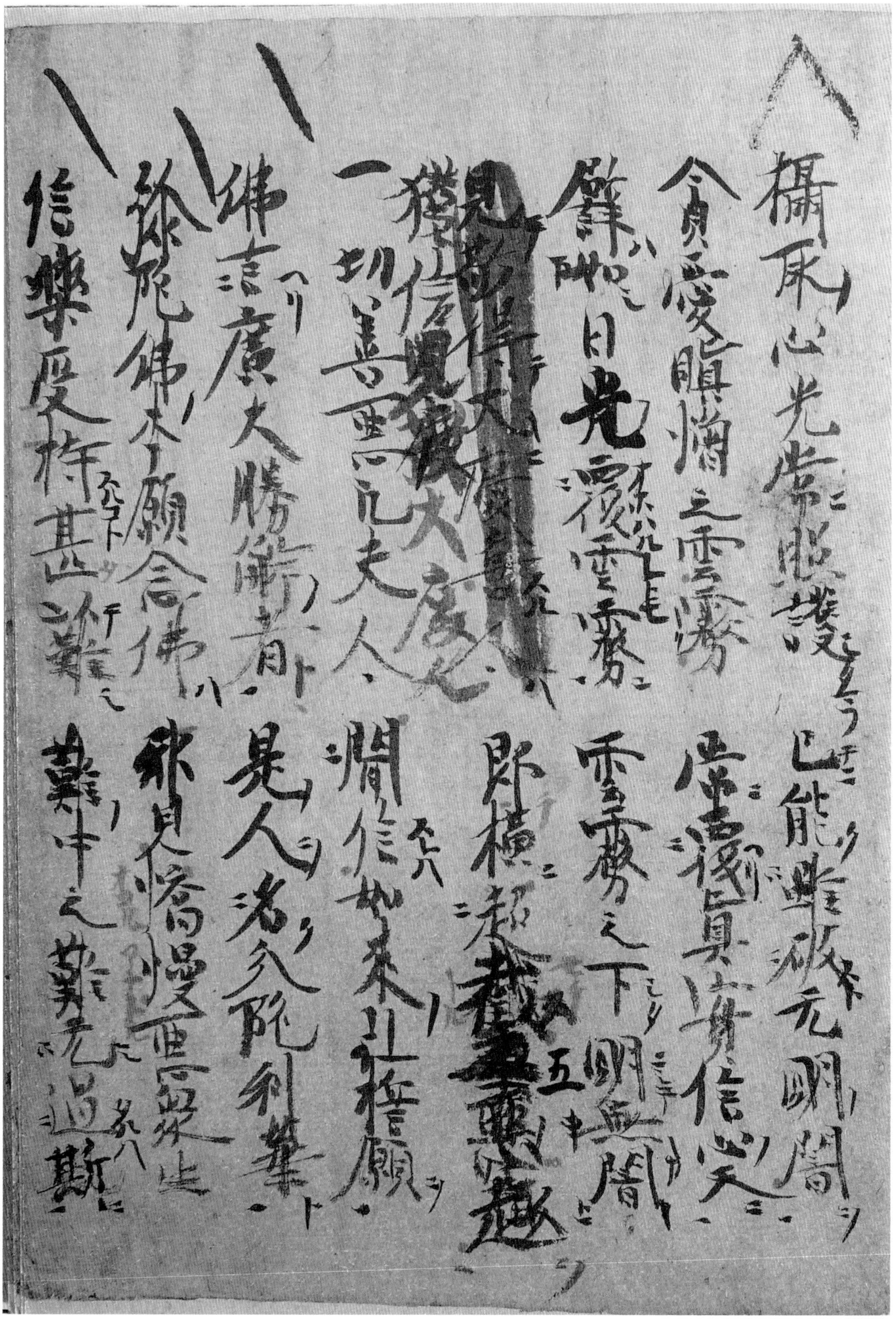
攝取心光常照護　已能雖破無明闇
貪愛瞋憎之雲霧　常覆真實信心天
譬如日光覆雲霧　雲霧之下明無闇
獲信見敬大慶喜　即橫超截五惡趣
一切善惡凡夫人　聞信如來弘誓願
佛言廣大勝解者　是人名分陀利華
弥陀佛本願念佛　邪見憍慢惡衆生
信樂受持甚以難　難中之難無過斯

〈付録34頁〉

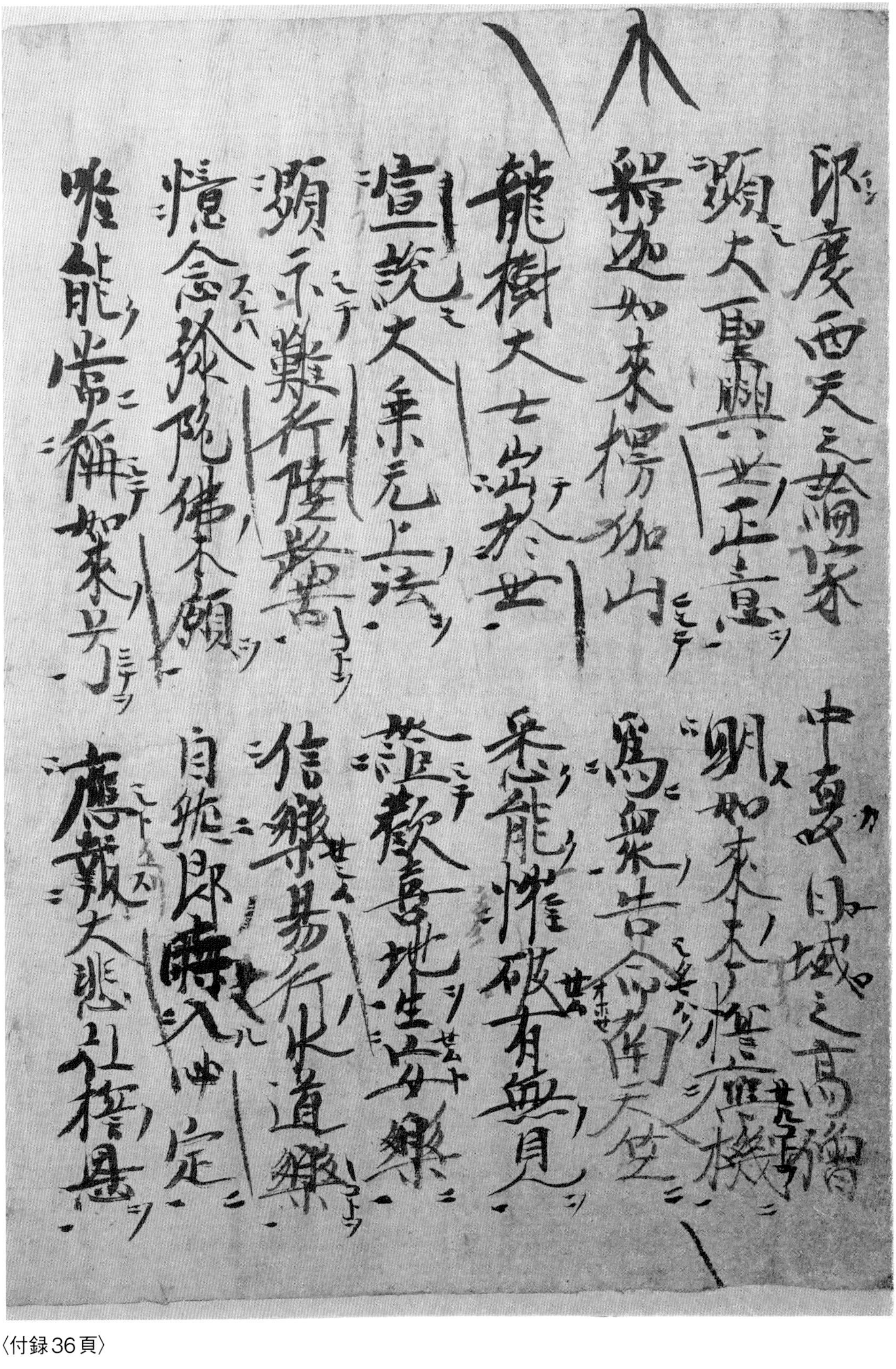
印度西天之論家　中夏日域之高僧
顕大聖興世正意　明如来本誓応機
釈迦如来楞伽山　為衆告命南天竺
龍樹大士出於世　悉能摧破有無見
宣説大乗無上法　証歓喜地生安楽
顕示難行陸路苦　信楽易行水道楽
憶念弥陀仏本願　自然即時入必定
唯能常称如来号　応報大悲弘誓恩

〈付録36頁〉

天親菩薩造論説　帰命无㝵光如来
依修多羅顕真実　光闡横超大誓願
広由本願力回向　為度群生彰一心
帰入功徳大宝海　必獲入大会衆数
得至蓮華蔵世界　即証真如法性身
遊煩悩林現神通　入生死薗示応化
本師曇鸞梁天子　常向鸞処菩薩礼
三蔵流支授浄教　焚焼仙経帰楽邦

〈付録38頁〉

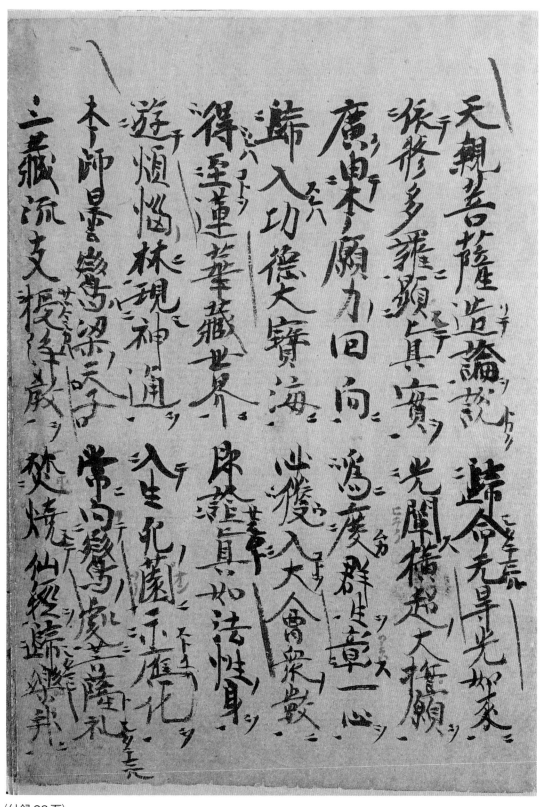

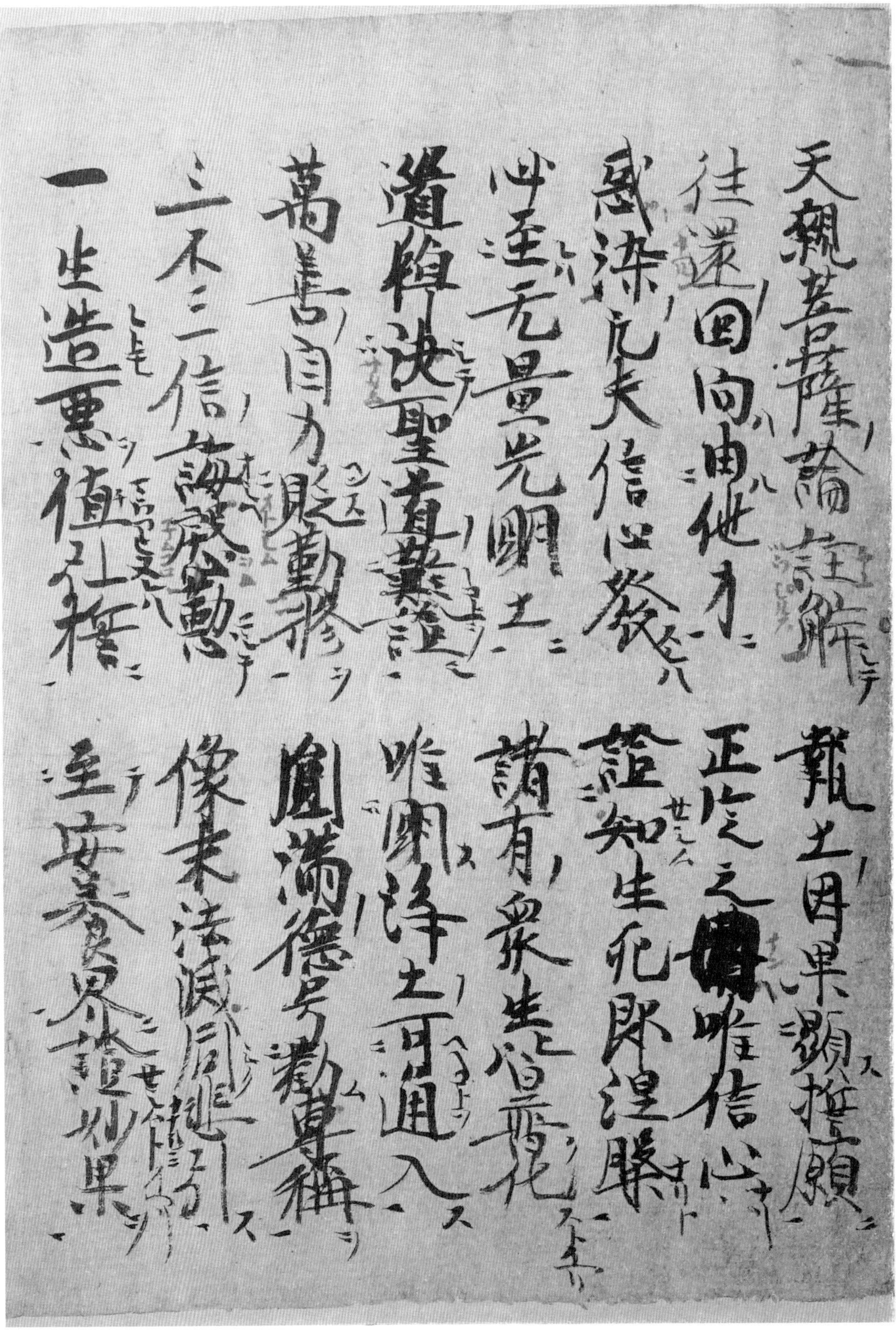
天親菩薩論註解　報土因果顕誓願
往還回向由他力　正定之因唯信心
惑染凡夫信心発　証知生死即涅槃
必至无量光明土　諸有衆生皆普化
道綽決聖道難証　唯明浄土可通入
萬善自力貶勤修　円満徳号勧専称
三不三信誨慇懃　像末法滅同悲引
一生造悪値弘誓　至安養界証妙果

〈付録40頁〉

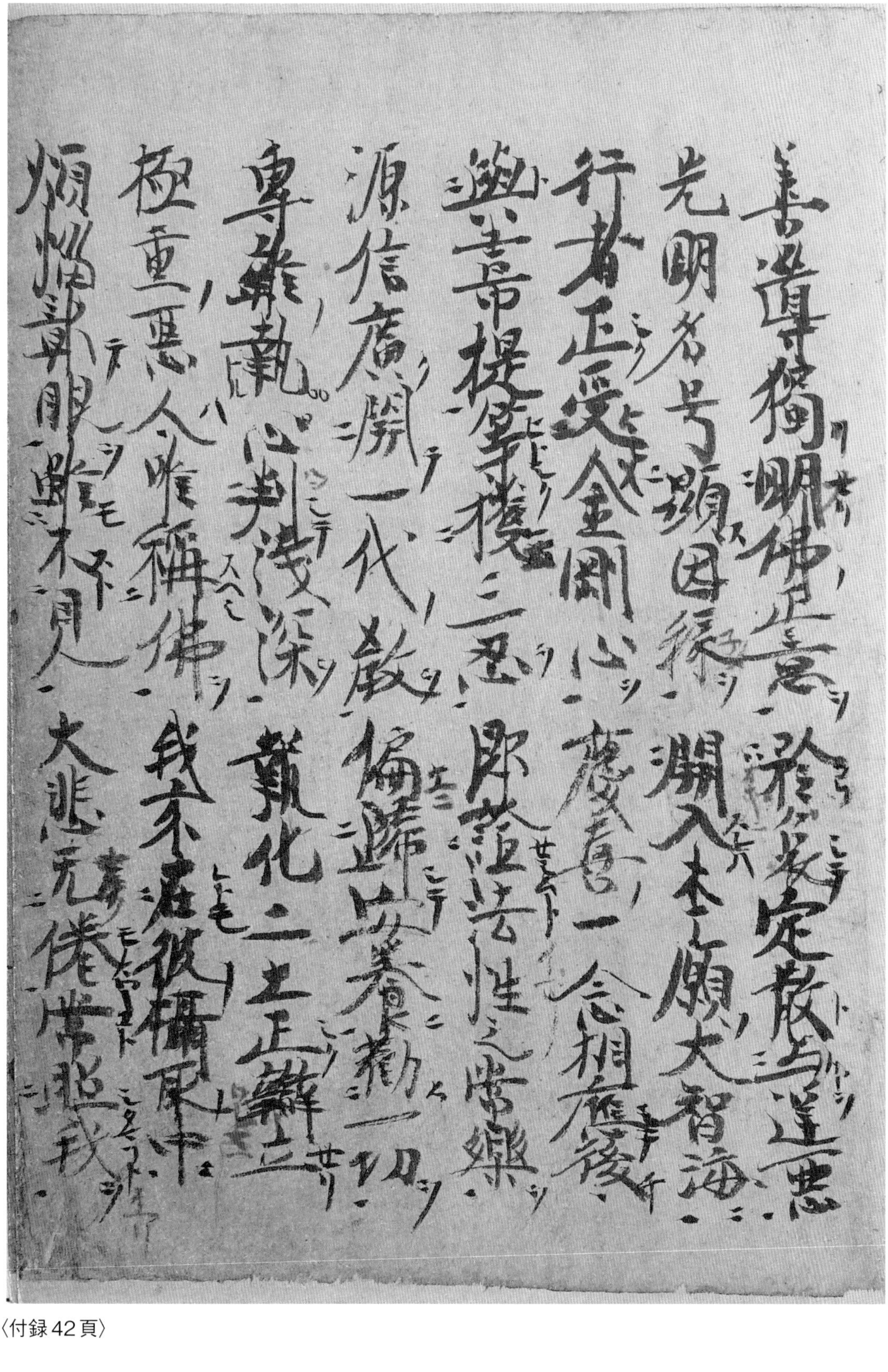

善導獨明佛正意　矜哀定散與逆惡
光明名号顕因縁　開入本願大智海
行者正受金剛心　慶喜一念相應後
與韋提等獲三忍　即証法性之常樂
源信廣開一代敎　偏歸安養勸一切
專雜執心判淺深　報化二土正辨立
極重惡人唯稱佛　我亦在彼攝取中
煩惱障眼雖不見　大悲無倦常照我

〈付録42頁〉

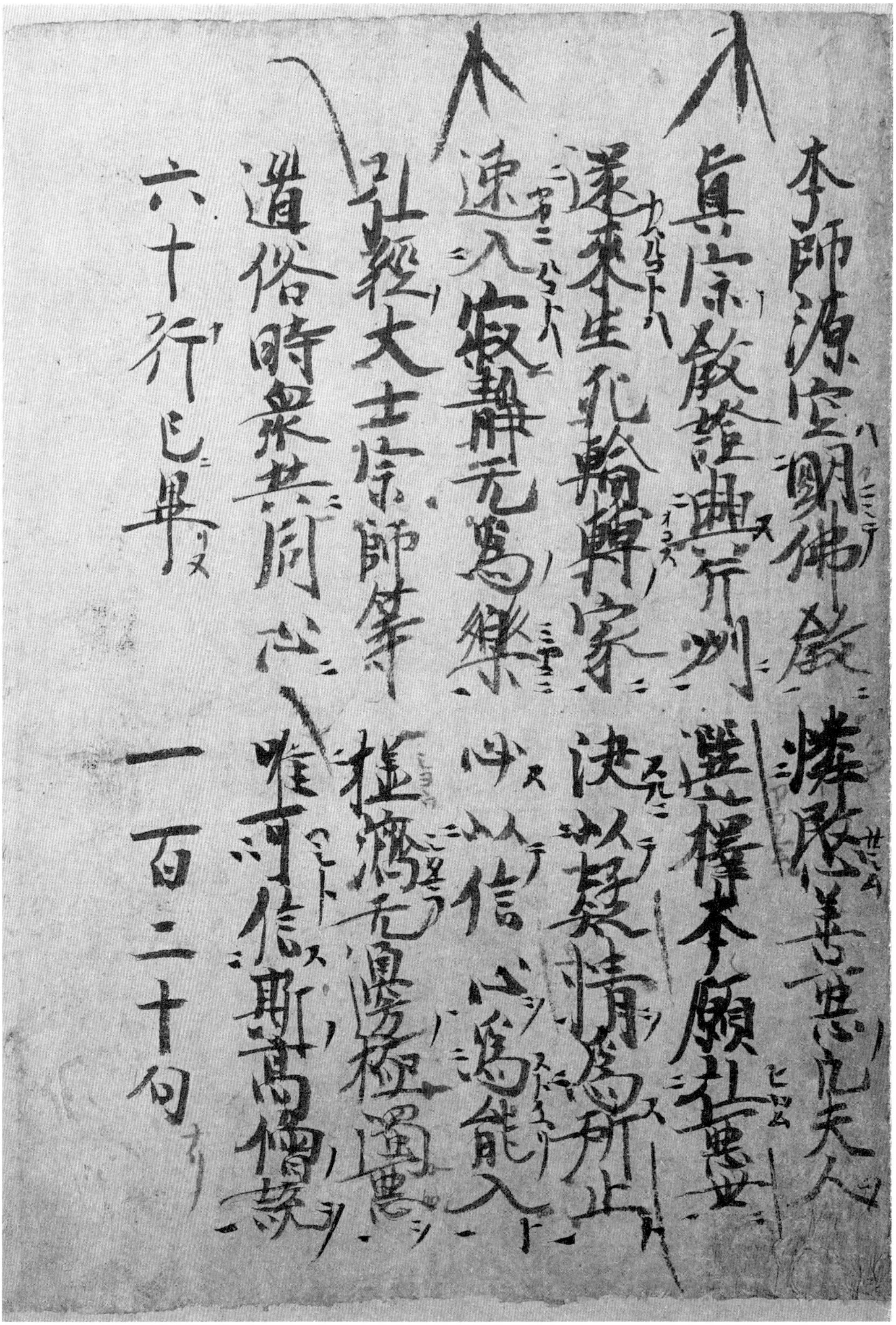

本師源空明佛教　憐愍善悪凡夫人
真宗教證興片州　選擇本願弘悪世
還來生死輪轉家　決以疑情為所止
速入寂靜无為樂　必以信心為能入
弘經大士宗師等　拯濟无邊極濁悪
道俗時衆共同心　唯可信斯高僧説
六十行已畢　一百二十句

〈付録44頁〉

「獲信見敬大慶喜」の一句をめぐって

親鸞聖人の自筆である坂東本『教行信証』に記される「正信偈」と、真宗門徒が勤行等で親しんでいる「正信偈」では、異なる箇所があります。

それは、『真宗大谷派勤行集』（赤本）等で「獲信見敬《ぎゃくしんけんきょう》大慶喜《だいきょうき》」と記されている箇所です。坂東本では、「獲信《ぎゃくしん》見敬大慶人《けんきょうだいきょうにん》」（写真参照）となっていることが確認できます。

この箇所は、墨で消した跡や重ねて文字を記した箇所など、大変複雑になっていますので、まずはその修訂の過程を見ていきましょう。

〈修訂過程〉

(1)「見《テ》敬《ヒ》得《テ》大《キニ》慶喜《スル》人《ハ》・」と記す。

見《テ》敬《ヒ》得《テ》大《キニ》慶喜《スル》人《ハ》・

⬅

(2)「見《テ》敬《ヒ》得《テ》大《キニ》」の左に「獲信大慶」と記す。

見《テ》敬《ヒ》得《テ》大《キニ》慶喜《スル》人《ハ》・
獲信大慶

⬅

(3)「獲信大慶」の「大慶」に重ねて「見敬」と記し、さらにその下に「大慶人」と記す。

見《テ》敬《ヒ》得《テ》大《キニ》慶喜《スル》人《ハ》・
獲信見敬大慶人

(4)「見《テ》敬《ヒ》得《テ》大《キニ》慶喜《スル》人《ハ》・」を墨で塗り消す。

←

見《テ》敬《ヒ》得《テ》大《キニ》慶喜《スル》人《ハ》・
獲信見敬大慶人

また、『尊号真像銘文《そんごうしんぞうめいもん》』という親鸞聖人の別の著作の中で、「正信偈」に註釈を加えられている箇所には、「獲《ぎゃく》信見敬得大慶《しんけんきょうとくだいきょう》」（真宗聖典六四九・六五一頁）となっています。

しかし、親鸞聖人の門弟方が書写した『教行信証』の書写本には、私たちが親しむ「獲信見敬大慶喜」と同じ一句が確認できます。親鸞聖人八十三歳の頃、門弟によって書写されたものが再書写された、真宗高田派が所蔵するいわゆる「専修寺本」や、親鸞聖人が亡くなられた後の一二七五（文永十二）年に書写された浄土真宗本願寺派が所蔵するいわゆる「西本願寺本」がそうです。

門弟方が、なぜ坂東本や『尊号真像銘文』と異なる表記をされたのか、不明と言わざるを得ませんが、そこにはそう記される理由があったと考えられます。門弟方が大切に伝えてこられた一句が、本願寺第八代である蓮如《れんにょ》上人にまで連綿と受け継がれたのでしょう。親鸞聖人が亡くなられて二百年余り後の一四七三（文明五）年、蓮如上人が、真宗門徒の朝・夕のお勤めに「正信偈」と「和讃《わさん》」を用いるよう広く普及させるために開版された、いわゆる「文明版」においても、「獲信見敬大慶喜」の句が記されています。

『真宗大谷派勤行集』（赤本）をはじめとした今日私たちがお勤めする「正信偈」は、この蓮如上人が広く普及された「文明版」に基づいているため、「獲信見敬大慶喜」という句でもって、現在もお勤めされているのです。

〈付録〉

一・親鸞聖人の思索にふれる

「親鸞聖人の思索にふれる」頁の見かた

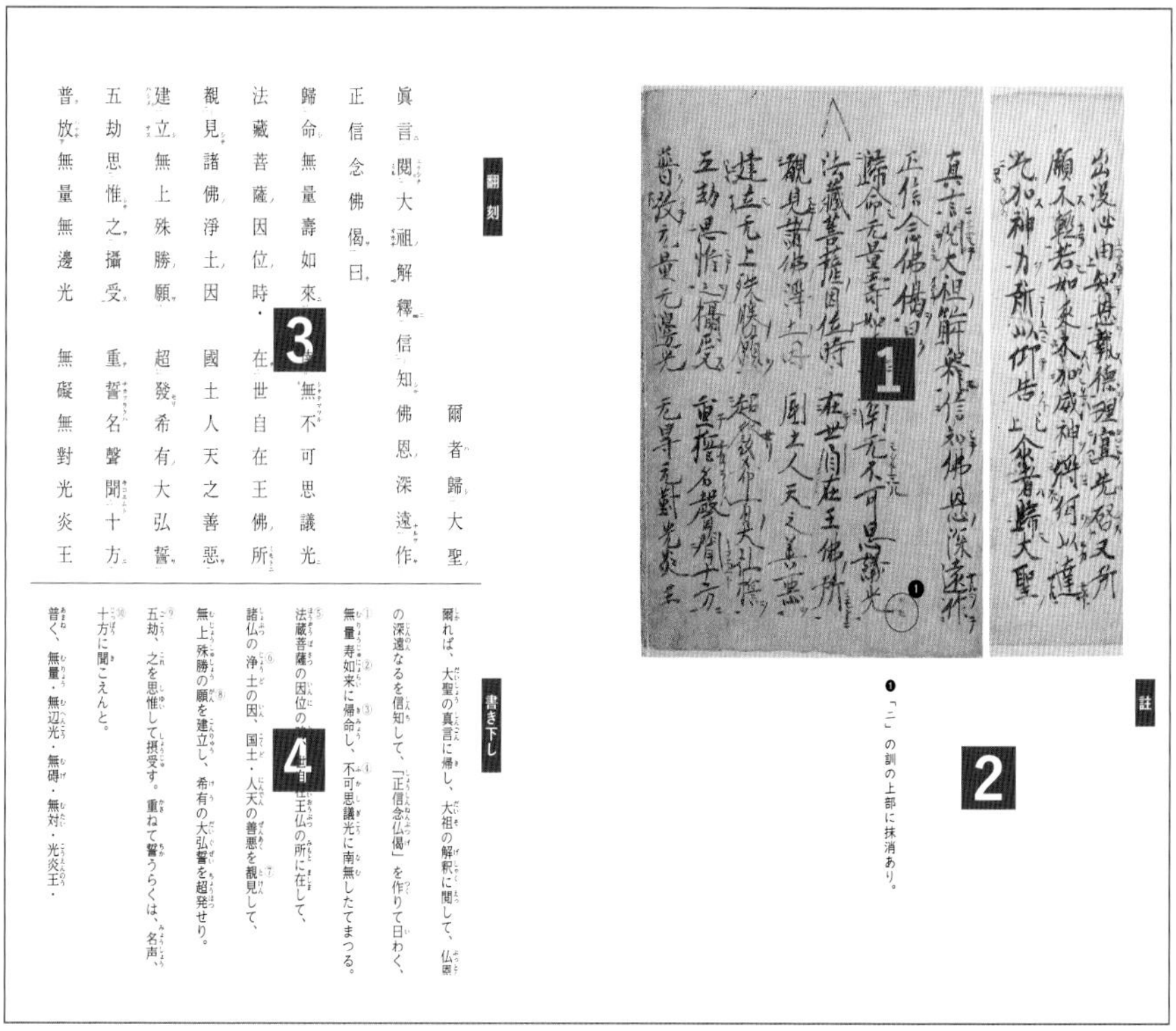

1 写真（坂東本カラー影印本）

写真中の❶❷…の番号は下段、註番号と対応しています。

2 註（修訂の跡）

『顕浄土真実教行証文類 翻刻篇』（大谷大学編）の「正信偈」部分の註記・補註を基に、親鸞聖人が修訂された跡の中で特徴的な箇所を示しています。

〈凡例〉

①坂東本における墨・朱筆の箇所は、註にも同じく二色で示しています。

②本文・訓点が改められたもののうち、元の状況が判明する場合は、その状況を示しています。

③本文・訓点の改めがなされる箇所について、重ねて記された字・点にはその右に傍線を付しています。

④漢字については、翻刻篇の字体を参照して統一することを原則としています。

3 翻刻（坂東本の精確な活字）

『顕浄土真実教行証文類　翻刻篇』（大谷大学編）掲載の「偈前の文」及び「正信偈」該当箇所を掲載しています。

〈凡例〉

①漢字の翻刻については『康熙字典』所載の字体を参照して統一することを原則としています。

②坂東本における墨・朱筆の箇所は、同じく二色で示しています。

③坂東本の本文の漢字が墨・朱で塗られて消去されている箇所は、■で示しています。

④送り仮名や返り点は現在の仮名づかい、漢数字で翻刻しています。

⑤「一」点のみが記されていて「二」「三」点等を記さない箇所については、対応する返り点を補うことはせず原本の通りに翻刻しています。

⑥声点《しょうてん》（主に字音や音の清濁や緩急を示す記号）は「∘」「∞」「⊸」「⫯」「二」の表記で翻刻し、声点が付される位置は、坂東本全体の用例に基づいて判断することを原則としています。詳細は『顕浄土真実教行証文類　附録篇一』（大谷大学編）解説をご覧ください。

⑦本文に付される句点は「、」「・」と翻刻し、合符（二字以上の漢字を一連の語として示すための符号）は「—」と翻刻しています。

4 書き下し

「偈前の文」及び「正信偈」箇所の書き下しは、『真宗聖典　第二版』の本文に基づいています。また、書き下し中の①②…の番号は、本書46～52頁掲載の「語註」の番号と対応しています。学習の際の参考としてご活用ください。

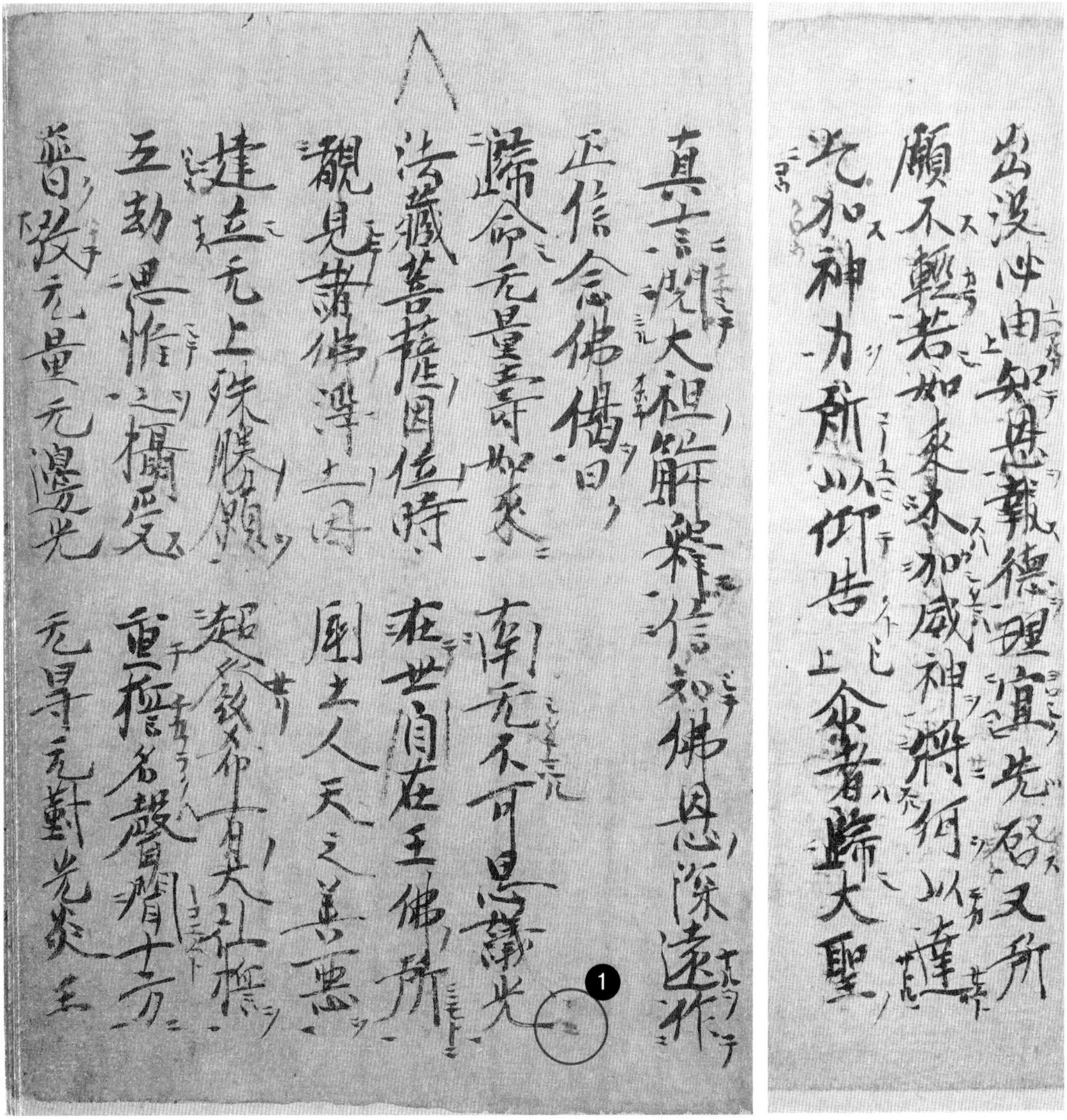
出没必由知恩報徳理宜先啓又所
願不軽若如来不加威神将何以達
乞加神力所以仰告爾者帰大聖
真言閲大祖解釈信知仏恩深遠作
正信念仏偈曰
帰命無量寿如来　南無不可思議光
法蔵菩薩因位時　在世自在王仏所
覩見諸仏浄土因　国土人天之善悪
建立無上殊勝願　超発希有大弘誓
五劫思惟之摂受　重誓名声聞十方
普放無量無辺光　無碍無対光炎王

註

❶「二」の訓の上部に抹消あり。

翻刻

爾者歸大聖眞言閲大祖解釋信知佛恩深遠作
正信念佛偈曰

歸命無量壽如來　南無不可思議光
法藏菩薩因位時　在世自在王佛所
覩見諸佛淨土因　國土人天之善惡
建立無上殊勝願　超發希有大弘誓
五劫思惟之攝受　重誓名聲聞十方
普放無量無邊光　無礙無對光炎王

書き下し

爾《しか》れば、大聖《だいしょう》の真言《しんごん》に帰《き》し、大祖《だいそ》の解釈《げしゃく》に閲《えっ》して、仏恩《ぶっとん》の深遠《じんのん》なるを信知《しんち》して、「正信念仏偈《しょうしんねんぶつげ》」を作《つく》りて曰《い》わく、

①無量寿《むりょうじゅ》②如来《にょらい》に③帰命《きみょう》し、④不可思議光《ふかしぎこう》に南無《なむ》したてまつる。
⑤法蔵菩薩《ほうぞうぼさつ》の因位《いんに》の時《とき》、世自在王仏《せじざいおうぶつ》の所《みもと》に在《ましま》して、
諸仏《しょぶつ》の⑥浄土《じょうど》の因《いん》、国土《こくど》・人天《にんでん》の善悪《ぜんあく》を⑦覩見《とけん》して、
無上殊勝《むじょうしゅしょう》の⑧願《がん》を建立《こんりゅう》し、希有《けう》の大弘誓《だいぐぜい》を超発《ちょうほつ》せり。
⑨五劫《ごこう》、之《これ》を思惟《しゆい》して摂受《しょうじゅ》す。重《かさ》ねて誓《ちか》うらくは、名声《みょうしょう》、
⑩十方《じっぽう》に聞《き》こえんと。
普《あまね》く、無量《むりょう》・無辺光《むへんこう》・無碍《むげ》・無対《むたい》・光炎王《こうえんのう》・

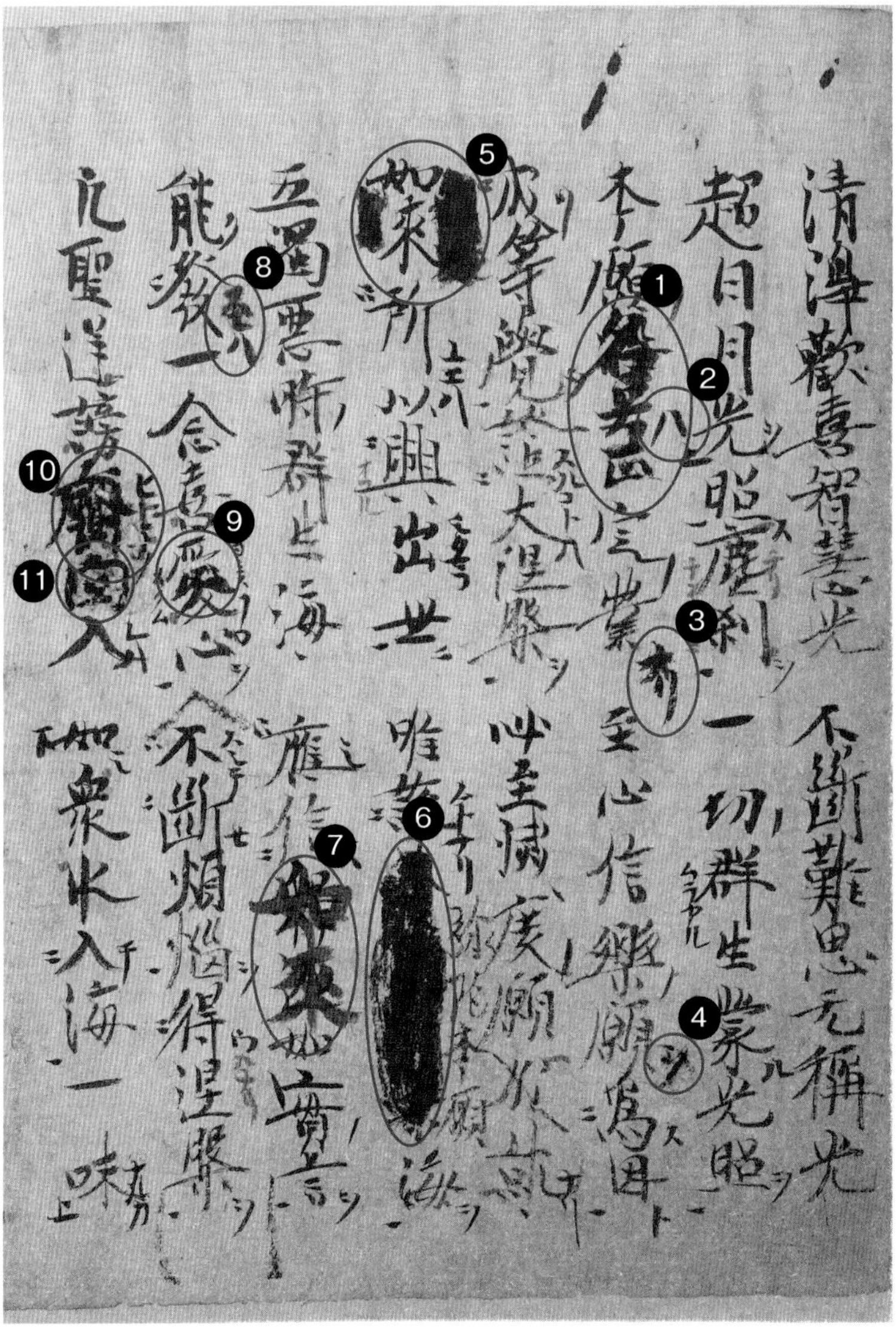

註

❶「浄土」に重ねて「名號」と記す。またこれに併せて「正」に重ねて「正」と記し、字を整える。

❷元の訓を「ハ」に改める。

❸「ハ」の訓を「ナリ」に改める。

❹元の訓を抹消して「ヲ」と記す。

❺「如來」の右、「釋迦」を墨で塗り消す。「如來」の左、墨で塗り消した跡。

❻「本願一乗」を墨で塗り消す。

❼「釋迦」に重ねて「如來」と記し、さらに「如來」と朱書きする。

❽元の訓を「スレハ」と改め、さらに「スレハ」と朱書きする。

❾「受」と記し、加筆して「愛」と改める。

❿元の字を抹消して「齊」と記す。元の訓を改めて「ヒトシク」と記し、さらに「ヒ」と「シク」を墨で重ねて記す。

⓫元の字を抹消して「回」と記す。

翻刻

清淨歡喜智慧光　不斷難思無稱光
超日月光上ヲ照ス塵《チン》ニチリ刹《クニ》。一ヲ　一切ノ群《ムラカル》生蒙ル二光照一ヲ
本願ノ名號ハ正定ノ業ナリ　至心信樂ノ願ヲ爲ス二因一ト
成リ二等覺ヲ一證スルコトハ二大涅槃ヲ一　必至滅度ノ願成就ナリ・
如來所三以ユエハ興《オコル》二出シタマフ世ニ一　唯説ムトナリ二彌陀本願海ヲ一
五濁惡時ノ群生海・　應シ三信ス二如來如實ノ言ヲ一
能ク發スレハ二一念喜。愛《メクム》。ヨミスノ心。ヲ一　不三斷セスシテ二煩惱ヲ一得ウルナリ二涅槃ヲ一
凡聖逆。謗。齊《ヒトシク》回入スレハ　如シ下衆。水入テ二海ニ一一味ナルカ上

書き下し

清浄《しょうじょう》・歓喜《かんぎ》・智慧光《ちえこう》・不断《ふだん》・難思《なんし》・無称光《むしょうこう》・超日月光《ちょうにちがっこう》を放《はな》ちて、⑪塵刹《じんせつ》を照《て》らす。一切《いっさい》の⑫群生《ぐんじょう》、光照《こうしょう》を蒙《かぶ》る。本願《ほんがん》の名号《みょうごう》は⑬正定《しょうじょう》の業《ごう》なり。⑭至心信楽《ししんしんぎょう》の願《がん》を因《いん》とす。等《とう》覚《がく》を成《な》り⑮大涅槃《だいねはん》を証《しょう》することは、⑯必至滅度《ひっしめつど》の願成就《がんじょうじゅ》なり。如来《にょらい》、世《よ》に興出《こうしゅつ》したまう所以《ゆえ》は、唯《ただ》、弥陀本願海《みだほんがんかい》を説《と》かんとなり。⑰五濁悪時《ごじょくあくじ》の群生海《ぐんじょうかい》、如来如実《にょらいにょじつ》の言《みこと》を信《しん》ずべし。能《よ》く一念喜愛《いちねんきあい》の心《しん》を発《ほっ》すれば、煩悩《ぼんのう》を断《だん》ぜずして涅《ね》槃《はん》を得《う》るなり。⑱凡聖《ぼんしょう》・⑲逆謗《ぎゃくほう》、斉《ひと》しく⑳回入《えにゅう》すれば、衆水《しゅうすい》、海《うみ》に入《い》りて一味《いちみ》なるが如《ごと》し。

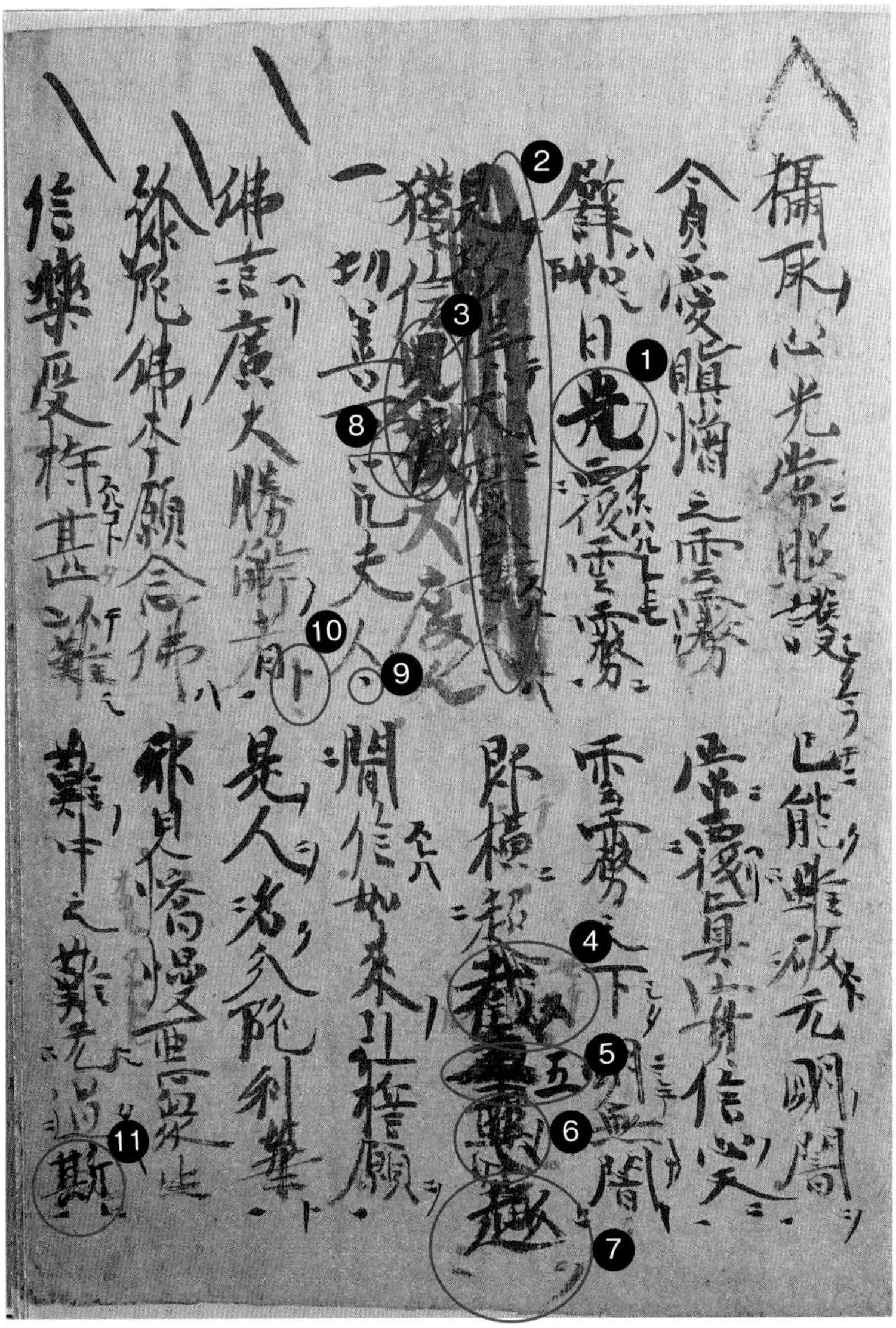

註

❶「月」に重ねて「光」と記す。

❷「見《テ》敬《ヒ》得《テ》大《キニ》慶喜《スル》人《ハ》・」を墨で塗り消す。

❸「大慶」に重ねて「見敬」と記す。
※詳細は25頁参照。

❹元の字を抹消して「截」と記す。元の訓を「ス」に改め、さらに「セチス」と「セチ」を加え、朱書きする。

❺元の字に重ねて「五」と記す。「五」の記入は複数回に及び判読しがたくなったことにより右に「五」を追記する。

❻元の字を改め「惡」と記す。

❼元の字を改め「趣」と記す。
「ヲ」の訓に重ねて「ヲ」と朱書きする。
「一」の返点に重ねて「一」と朱書きする。

❽「ノ」の訓に重ねて「敬」と元の字「慶」が記される。

❾「・」の点に重ねて「・」と墨書きする。

❿「ト」の訓に重ねて「ト丶」と朱書きする。

⓫「此」に重ねて「斯」と記す。

翻刻

攝取心光常照護　已能雖破無明闇。
貪愛瞋憎之雲霧。常覆眞實信心天
譬如日光覆雲霧　雲霧之下明無闇
獲信見敬大慶人　卽橫超截五惡趣
一切善惡凡夫人・聞信如來弘誓願
佛言廣大勝解者　是人名分陀利華
彌陀佛本願念佛　邪見憍慢惡衆生
信樂受持甚以難　難中之難無過斯

書き下し

摂取《せっしゅ》㉑の心光《しんこう》、常《つね》に照護《しょうご》したまう。已《すで》に能《よ》く無明《むみょう》㉒の闇《あん》を破《は》すと雖《いえど》も、貪愛《とんあい》㉓・瞋憎《しんぞう》の雲霧《うんむ》、常《つね》に真実信心《しんじつしんじん》の天《てん》に覆《おお》えり。譬《たと》えば、日光《にっこう》の、雲霧《うんむ》に覆《おお》わるれども、雲霧《うんむ》の下《した》、明《あき》らかにして闇無《くらきな》きが如《ごと》し。信《しん》を獲《え》て見《み》て敬《うやま》い大《おお》きに慶《よろこ》ぶ人《ひと》、即《すなわ》ち横《よこさま》㉔に五悪《ごあく》㉕の趣《しゅ》を超截《ちょうぜつ》㉖す。一切善悪《いっさいぜんあく》の凡夫人《ぼんぶにん》㉗、如来《にょらい》の弘誓願《ぐぜいがん》を聞信《もんしん》すれば、仏《ぶつ》、広大勝解《こうだいしょうげ》㉘の者《ひと》と言《のたま》えり。是《こ》の人《ひと》を分陀利華《ふんだりけ》㉙と名《な》づく。弥陀仏《みだぶつ》の本願念仏《ほんがんねんぶつ》㉚は、邪見《じゃけん》㉛・憍慢悪衆生《きょうまんあくしゅじょう》、信楽受持《しんぎょうじゅじ》すること甚《はなは》だ以《もっ》て難《かた》し。難《なん》の中《なか》の難《なん》、斯《こ》れに過《す》ぎたるは無《な》し。

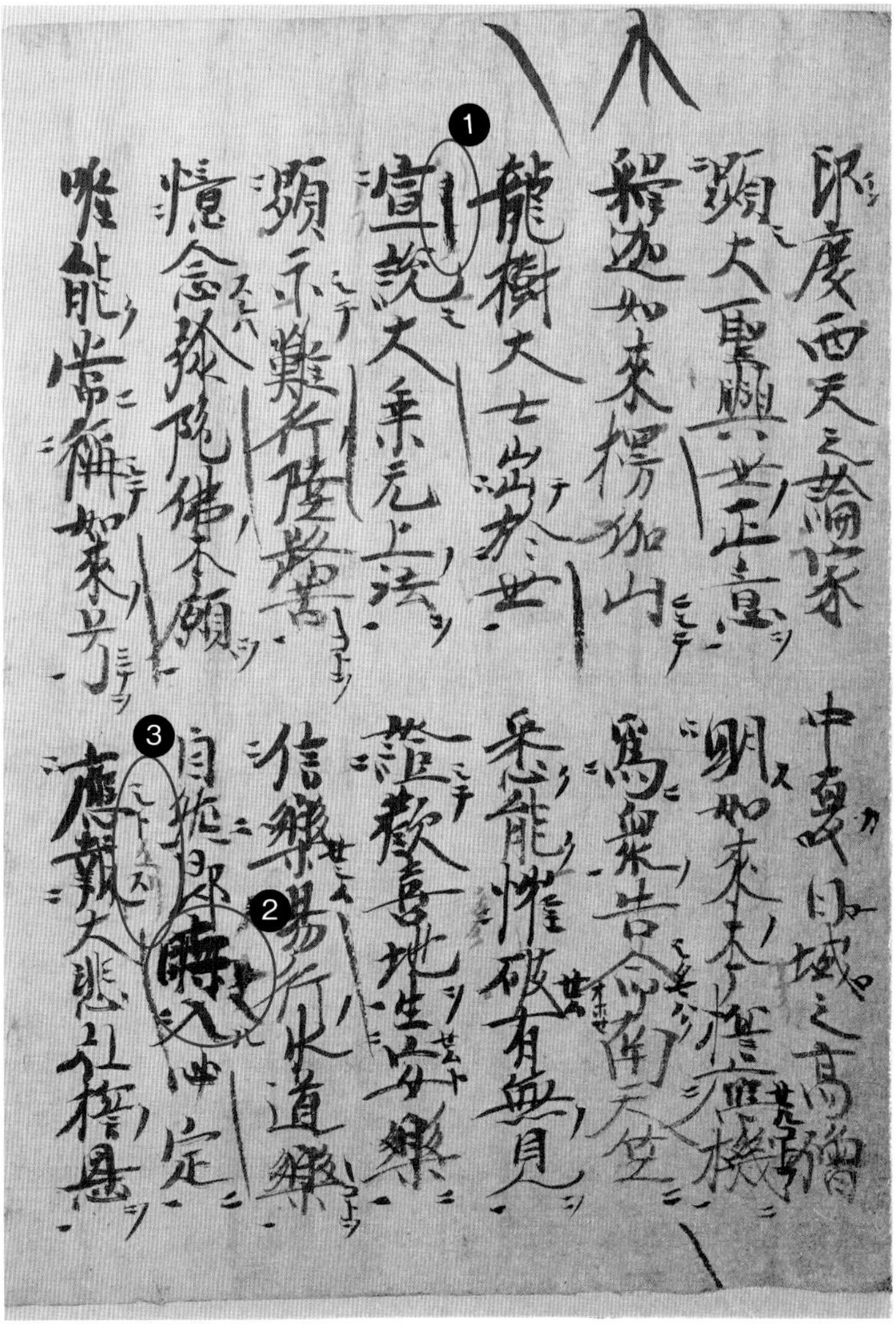
印度西天之論家
顕大聖興世正意
釈迦如来楞伽山
龍樹大士出於世
宣説大乗無上法
顕示難行陸路苦
憶念弥陀仏本願
唯能常称如来号
中夏日域之高僧
明如来本誓応機
為衆告命南天竺
悉能摧破有無見
証歓喜地生安楽
信楽易行水道楽
自然即時入必定
応報大悲弘誓恩

註

❶ 元の訓を墨で塗り消す。

❷ 元の字を改め「時」と記す。元の訓を「トキ」と改め、さらに「トキ」と朱書きする。

❸ 「シトイヘリ」の訓に重ねて「シトイヘリ」と朱書きする。

翻刻

印《イン》度西天之論家　中夏《カ》日域《サカイ》之高僧

顯シ二大聖興世ノ正意ヲ一　明ス三如來ノ本誓應セルコトヲ二機ニ一

釋迦如來楞伽山ニシテ　爲ニ二衆ノ一告命《オホセ》シタマハク南天竺ニ

龍樹大士出テ三於二世一　悉ク能ク摧《クダク》二破セム有無ノ見ヲ一

宣《ノフ》二說シ大乘無上ノ法ヲ一　證シテ二歡喜地ヲ一生セムト二安樂ニ一

顯二示シテ難行ノ陸路苦キコトヲ一　信二樂セシム易行ノ水道樂キコトヲ一

憶二念スレハ彌陀佛ノ本願ヲ一　自然ニ卽ノ時トキ入ル二必定ニ一

唯能ク常ニ稱シテ二如來ノ號ミナヲ一　應シトイヘリ三報ス二大悲弘誓ノ恩ヲ一

書き下し

㉜印度《いんど》・西天《さいてん》の論家《ろんげ》、㉝中夏《ちゅうか》・日域《じちいき》の高僧《こうそう》、㉞大聖《だいしょう》㉟興世《こうせ》の正意《しょうい》を顕《あらわ》し、如来《にょらい》の本誓《ほんぜい》、機《き》に応《おう》ぜることを明《あ》かす。釈迦如《しゃかにょ》来《らい》、㊱楞伽山《りょうがせん》にして、衆《しゅ》の為《ため》に㊲告命《ごうみょう》したまわく、南天竺《なんてんじく》に、龍樹大士《りゅうじゅだいじ》、世《よ》に出《い》でて、悉《ことごと》く能《よ》く㊳有無《うむ》の見《けん》を㊴摧破《ざいは》せん。㊵大乗無上《だいじょうむじょう》の法《ほう》を宣説《せんぜつ》し、㊶歓喜地《かんぎじ》を証《しょう》して安楽《あんらく》に生《しょう》ぜんと。㊷難行《なんぎょう》の陸路《ろくろ》、苦《くる》しきことを顕示《けんじ》して、易行《いぎょう》の水道《しいどう》、楽《たの》しきことを信楽《しんぎょう》せしむ。弥陀仏《みだぶつ》の本願《ほんがん》を㊸憶念《おくねん》すれば、自然《じねん》に即《そく》の時《とき》、㊹必定《ひつじょう》に入《い》る。唯《ただ》能《よ》く常《つね》に如来《にょらい》の号《みな》を称《しょう》して、㊺大悲弘誓《だいひぐぜい》の恩《おん》を報《ほう》ずべしといえり。

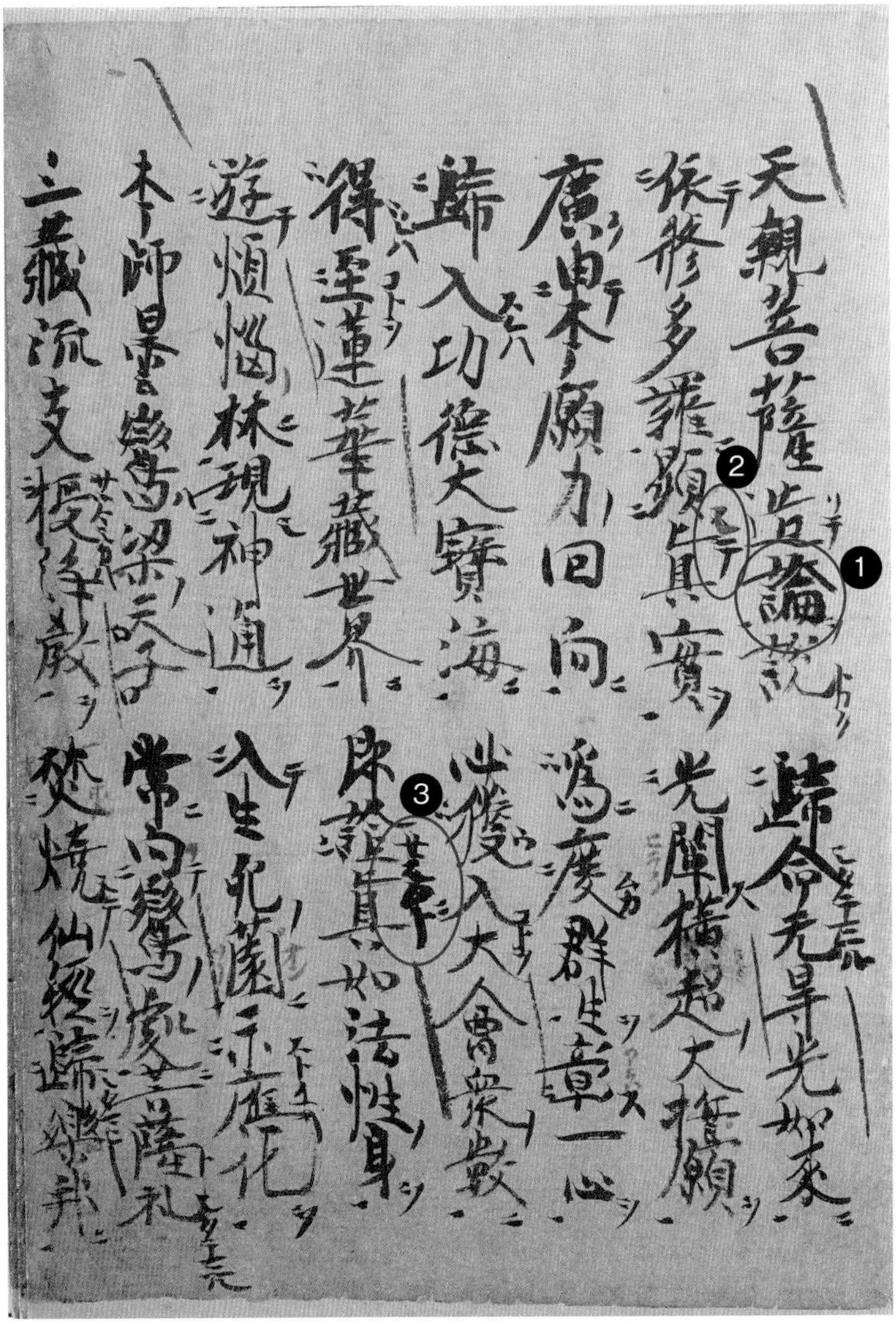

天親菩薩造論説　歸命無碍光如來
依修多羅顕眞實　光闡横超大誓願
廣由本願力回向　爲度群生彰一心
歸入功徳大寶海　必獲入大會衆數
得至蓮華藏世界　即證眞如法性身
遊煩惱林現神通　入生死薗示應化
本師曇鸞梁天子　常向鸞處菩薩禮
三藏流支授淨教　焚燒仙經歸樂邦

註

❶「説」と記し、加筆して「論」と改める。

❷「ス」の訓に重ねて「シテ」と記し、さらに「シテ」と朱書きする。

❸「セムト」の訓に重ねて「セシムト」と加筆する。

翻刻

天親菩薩造《リテ》論《ヲ》㆒説《トカク》　歸㆓命《シタテマツル》無礙光如來《ニ》㆒
依《テ》㆓修多羅《ニ》㆒顯《シテ》㆓眞實《ヲ》㆒　光㆓闡《ヒラク》《ス》横超《ノ》大誓願《ヲ》㆒
廣《ク》由《テ》㆓本願力《ノ》回向《ニ》㆒　爲《ニ》㆔度《ムカ》㆓群生《ヲ》㆒彰《アラハス》㆓一心《ヲ》㆒
歸㆓入《スレハ》功徳大寶海《ニ》㆒　必獲《ウ》㆔入《コトヲ》㆓大會衆《ノ》數《ニ》㆒
得《ウレハ》㆔至《コトヲ》㆓蓮華藏世界《ニ》㆒　卽證《セシムト》㆓眞如法性《ノ》身《ヲ》㆒
遊《テ》㆓煩惱《ノ》林《ニ》㆒現《シ》㆓神通《ヲ》㆒　入《テ》㆓生死《ノ》薗《ソノ》《オンニ》㆒示《ストイヘリ》㆓應化《ヲ》㆒
本師曇鸞《ハ》梁《ノ》天子　常《ニ》向《フテ》㆓鸞《ノ》處《ニ》㆒菩薩《ト》禮《シタテマ》
三藏流支授《サツケシカハ》㆓淨教《ヲ》㆒　梵《ホム》《ヤク》㆓焼《シテ》仙經《ヲ》㆒歸《シタマヒキ》㆓樂邦《ニ》㆒

書き下し

天親《てんじん》菩薩《ぼさつ》、『論《ろん》』を造《つく》りて説《と》かく、無碍光如来《むげこうにょらい》[46]に帰命《きみょう》したてまつる。修多羅《しゅたら》[47]に依《よ》りて真実《しんじつ》を顕《あらわ》して、横超《おうちょう》[48]の大誓願《だいせいがん》を光闡《こうせん》[49]す。広《ひろ》く本願力《ほんがんりき》の回向《えこう》[50]に由《よ》りて、群生《ぐんじょう》を度《ど》せんが為《ため》に一心《いっしん》を彰《あらわ》す。功徳大宝海《くどくだいほうかい》[51]に帰入《きにゅう》すれば、必《かなら》ず大会《だいえ》[52]衆《しゅ》の数《かず》に入《い》ることを獲《う》。蓮華蔵世界《れんげぞうせかい》[53]に至《いた》ることを得《う》れば、即《すなわ》ち真如法性《しんにょほっしょう》[54]の身《しん》を証《しょう》せしむと。煩悩《ぼんのう》の林《はやし》に遊《あそ》びて神通《じんずう》[55]を現《げん》じ、生死《しょうじ》の園《その》に入《い》りて応化《おうげ》[56]を示《しめ》すといえり。

本師曇鸞《ほんじどんらん》は、梁《りょう》[57]の天子《てんし》、常《つね》に鸞《らん》の処《ところ》に向《む》かいて菩薩《ぼさつ》と礼《らい》したてまつる。三蔵流支《さんぞうるし》[58]、浄教《じょうきょう》を授《さず》けしかば、仙経《せんぎょう》[59]を焚《ぼん》焼《しょう》して楽邦《らくほう》に帰《き》したまいき。

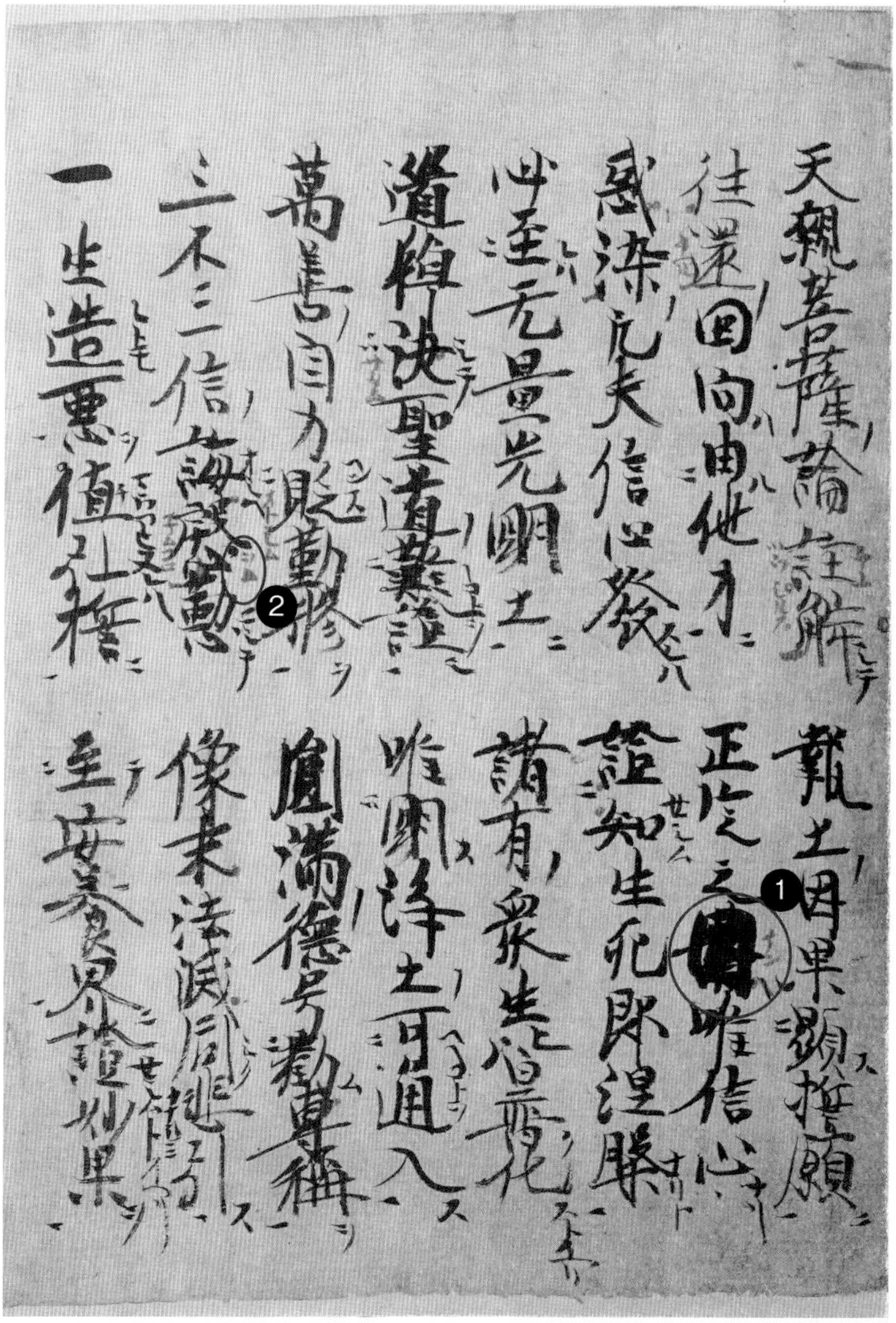
天親菩薩論註解　報土因果顯誓願
往還回向由他力　正定之因唯信心
惑染凡夫信心發　證知生死即涅槃
必至无量光明土　諸有衆生皆普化
道綽決聖道難證　唯明淨土可通入
萬善自力貶勤修　圓滿徳号勸專稱
三不三信誨慇懃　像末法滅同悲引
一生造悪値弘誓　至安養界證妙果

註

❶「業」に重ねて「因」と記す。「ハ」の訓に重ねて「インハ」と朱書きする。

❷元の訓を「ヲム」に改め朱書きする。

翻刻

天親菩薩論註解《ツウシルス》　報土因果顯誓願
往還《カヘル》回向由他力　正定之因唯信心
惑染凡夫信心發　證知生死卽涅槃
必至無量光明土　諸有衆生皆普化
道綽決《サタム》聖道難證　唯明淨土可通入
萬善自力貶《オトシム》勤修　圓滿德號勸專稱
三不三信誨《オシヘ》慇《ネムコロ》懃　像末法滅同悲《カナシミ》引
一生造惡値弘誓　至安養界證妙果

書き下し

天親《てんじん》菩薩《ぼさつ》の『論《ろん》』、註解《ちゅうげ》して、[60]報土《ほうど》の因果《いんが》、誓願《せいがん》に顕《あらわ》す。
[61]往還《おうげん》の回向《えこう》は[62]他力《たりき》に由《よ》る。[63]正定《しょうじょう》の因《いん》は唯信心《ただしんじん》なり。
[64]惑染《わくぜん》の凡夫《ぼんぶ》、信心発《しんじんほっ》すれば、生死即《しょうじすなわ》ち涅槃《ねはん》なりと証知《しょうち》せしむ。必《かなら》ず[65]無量光明土《むりょうこうみょうど》に至《いた》れば、諸有《しょう》の衆生《しゅじょう》、皆普《みなあまね》く化《け》すといえり。
道綽《どうしゃく》、[66]聖道《しょうどう》の証《しょう》し難《がた》きことを決《けっ》して、唯《ただ》、浄土《じょうど》の通入《つうにゅう》すべきことを明《あ》かす。万善《まんぜん》の[67]自力《じりき》、[68]勤修《ごんしゅ》を貶《へん》す、[69]円満《えんまん》の徳《とく》号《ごう》、専称《せんしょう》を勧《すす》む。[70]三不三信《さんぷさんしん》の[71]誨《おしえ》、慇懃《おんごん》にして、[72]像《ぞう》・末《まつ》・法滅《ほうめつ》、同《おな》じく悲引《ひいん》す。一生《いっしょう》、悪《あく》を造《つく》れども、弘誓《ぐぜい》に値《もうあ》いぬれば、[73]安養界《あんにょうかい》に至《いた》りて妙果《みょうか》を証《しょう》せしむといえり。

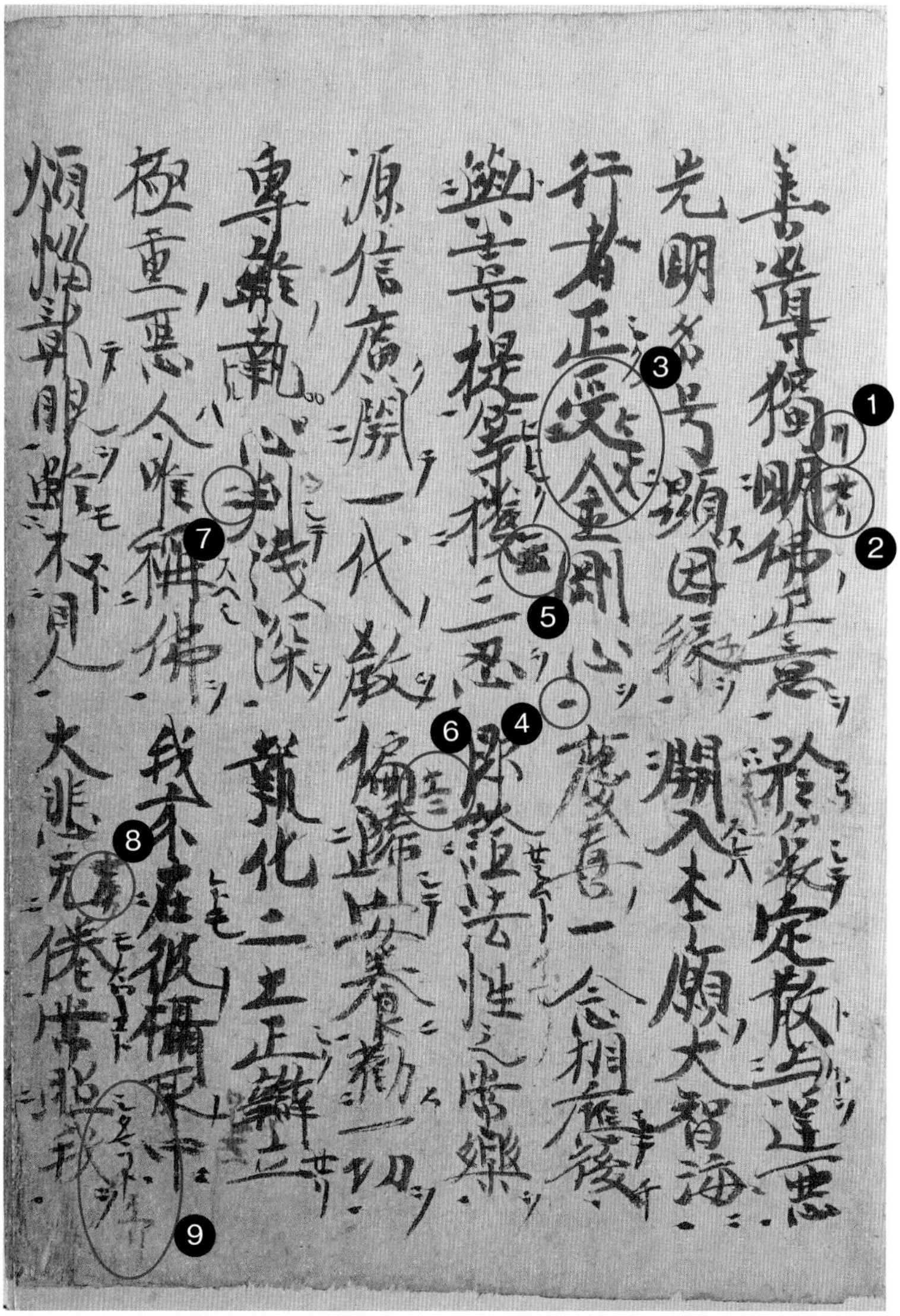
善導独明仏正意 矜哀定散与逆悪
光明名号顕因縁 開入本願大智海
行者正受金剛心 慶喜一念相応後
与韋提等獲三忍 即証法性之常楽
源信広開一代教 偏帰安養勧一切
専雑執心判浅深 報化二土正弁立
極重悪人唯称仏 我亦在彼摂取中
煩悩障眼雖不見 大悲无倦常照我

註

❶「リ」の訓に重ねて「リ」と朱書きする。

❷「セリ」の訓に重ねて「ナリ」と朱書きする。

❸「ケシメ」の訓に重ねて「ケシメ」と朱書きする。「ニ」の返点に重ねて「ニ」と朱書きする。

❹「一」の返点に重ねて「一」と朱書きする。

❺元の訓を「エ」と改め、さらに「エ」と朱書きする。

❻「ク」の訓を「エニ」と改めた後、さらに「エニ」を「エニ」と朱書きで改める。

❼「二」の返点に重ねて「二」と朱書きする。

❽「シテ」の訓を「ナク」と改めた後、さらに「ナク」を「シテ」と朱書きで改める。

❾「シタマフトイヘリ」の訓に重ねて「シタマフトイヘリ」と朱書きする。

翻刻

善導獨リ明ナリ二佛ノ正意ヲ一　矜《コウ》《オホキニ》三哀。シテ定散ト與トヲ二逆惡一
光明名號顯ス二因縁《ネン》ヲ一　開二入スレハ本願ノ大智海ニ一
行者正シク受ケシメ二金剛心ヲ一　慶喜ノ一念相應シテ後チ
與ト二韋提一等《ヒトシク》獲エ。二三忍ヲ一　卽證セシムトイヘリ二法性之常樂ヲ一
源信廣ク開テ二一代ノ敎ヲ一　偏エニ歸シテ二安養ニ一勸ム二一切ヲ一
專雜ノ執トル。心。判《ハン》シテ二淺深ヲ一　報化二土正シク辯《ワキマヘ》—立セリ
極重ノ惡人ハ・唯稱スヘシ二佛ヲ一　我亦在レトモ二彼ノ攝取ノ中ニ一
煩惱鄣テ眼ヲ一雖モ三不スト二見一　大悲無シテ二倦《モノウキコト》一常ニ照《シタマフトイヘリ》二我ヲ一

書き下し

善導《ぜんどう》、独《ひと》り仏《ぶつ》の正意《しょうい》を明《あき》らかなり。(74)定散《じょうさん》と(75)逆悪《ぎゃくあく》とを矜《こう》哀《あい》して、光明名号《こうみょうみょうごう》、因縁《いんねん》を顕《あらわ》す。本願《ほんがん》の大智海《だいちかい》に開《かい》入《にゅう》すれば、行者《ぎょうじゃ》、正《まさ》しく金剛心《こんごうしん》を受《う》けしめ、慶喜《きょうき》の一念《いちねん》相応《そうおう》して後《のち》、(76)韋提《いだい》と等《ひと》しく(77)三忍《さんにん》を獲《え》、即《すなわ》ち(78)法性《ほっしょう》の常楽《じょうらく》を証《しょう》せしむといえり。

源信《げんしん》、広《ひろ》く一代《いちだい》の教《きょう》を開《ひら》きて、偏《ひとえ》に安養《あんにょう》に帰《き》して一切《いっさい》を勧《すす》む。(79)専雑《せんぞう》の執心《しゅうしん》、浅深《せんじん》を判《はん》じて、(80)報《ほう》・化《け》二土《にど》、正《まさ》しく弁立《べんりゅう》せり。極重《ごくじゅう》の悪人《あくにん》は、唯《ただ》、仏《ぶつ》を称《しょう》すべし。我亦《われまた》彼《か》の摂取《せっしゅ》の中《なか》に在《あ》れども、煩悩《ぼんのう》、眼《まなこ》を障《さ》えて見《み》ずと雖《いえど》も、大悲《だいひ》(81)倦《ものう》きこと無《な》くして常《つね》に我《われ》を照《て》らしたまうといえり。

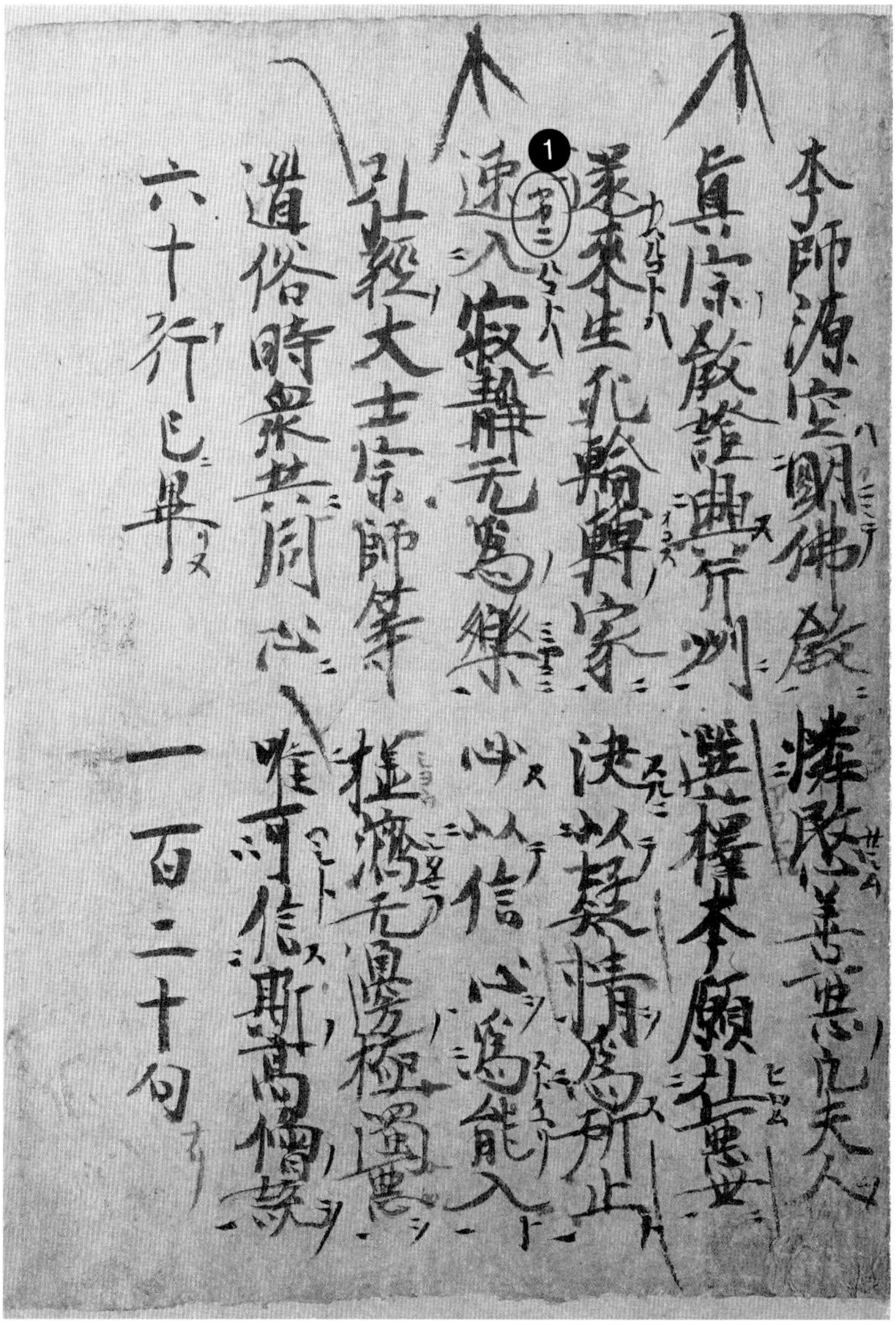
本師源空明仏教　憐愍善悪凡夫人
真宗教証興片州　選択本願弘悪世
還来生死輪転家　決以疑情為所止
速入寂静無為楽　必以信心為能入
弘経大士宗師等　拯済無辺極濁悪
道俗時衆共同心　唯可信斯高僧説
六十行已畢　一百二十句

❶「ヤカニ」の訓に重ねて「ヤカニ」と朱書きする。

註

翻刻

本師源空《ハ》明《カニシテ》佛教《ニ》　憐《レン》愍《アワレム》《セシム》善惡《ノ》凡夫人《ヲ》
眞宗《ノ》教證興《ス》《オコス》片州《ニ》　選擇本願弘《ヒロム》惡世《ニ》
還《カヘルコトハ》來生死輪轉家《ニ》　決《スルニ》以《テ》疑情《ヲ》爲《ス》所止《ト》
速《ヤカニ》入《ルコトハ》寂靜無爲《ノ》樂《ミヤコニ》　必《ス》以《テ》信心《ヲ》爲《ストイヘリ》能入《ト》
弘經《ノ》大士宗師等　拯《シヨウ》濟《シタマフ》無邊《ノ》極濁惡《ヲ》
道俗時衆共《ニ》同心《ニ》　唯可《ヘシト》信《ス》斯《ノ》高僧《ノ》説《ヲ》
六十行《カ》已《ニ》畢《リヌ》　一百二十句《ナリ》

書き下し

本師源空《ほんじげんくう》は仏教《ぶっきょう》に明《あき》らかにして、善悪《ぜんあく》の凡夫人《ぼんぶにん》を憐愍《れんみん》せ
しむ。真宗《しんしゅう》の教証《きょうしょう》、(82)片州《へんしゅう》に興《こう》ず。(83)選択本願《せんじゃくほんがん》、悪世《あくせ》に弘《ひろ》
む。(84)生死輪転《しょうじりんでん》の家《いえ》に還来《かえ》ることは、決《けつ》するに疑情《ぎじょう》を以《もっ》
て所止《しょし》とす。速《すみ》やかに(85)寂静無為《じゃくじょうむい》の楽《みやこ》に入《い》ることは、
必《かなら》ず信心《しんじん》を以《もっ》て能入《のうにゅう》とすといえり。
(86)弘経《ぐきょう》の大士《だいじ》・宗師《しゅうし》等《とう》、無辺《むへん》の極濁悪《ごくじょくあく》を(87)拯済《じょうさい》したまう。
(88)道俗時衆《どうぞくじしゅ》、共《とも》に同心《どうしん》に、唯《ただ》、斯《こ》の高僧《こうそう》の説《せつ》を信《しん》ずべしと。
六十行《ろくじっこう》、已《すで》に畢《おわ》りぬ。一百二十句《いっぴゃくにじっく》なり。

語註

本語註は『書いて学ぶ親鸞のことば―正信偈』（東本願寺出版発行）収載の語註を基に掲載したものです。

①無量寿《むりょうじゅ》…量《はか》ることができない仏の寿命のこと。悩める人がいるかぎり決して捨てず、どこまでも救いとってやまない仏の慈悲《じひ》を表す。

②如来《にょらい》…真理（如）から来た者、現れ出た者の意で、仏のこと。仏（仏陀）は梵語ブッダ（目覚《めざ》めた者の意）の音訳語。

③帰命《きみょう》／南無《なむ》…「南無」は梵語《ぼんご》ナマスの音写語で、体を折り曲げて帰依《きえ》・敬礼《きょうらい》を表すことを指す。「帰命」はその意訳語で、命をあげて仏に帰依すること、仏が教え命ずることにしたがうことを指す。

④不可思議光《ふかしぎこう》…光は、迷いの暗闇《くらやみ》を照らすさとりの智慧《ちえ》を表す。私たちの思いを超えて迷いを照らしてくださるので、思議（思いはかる）することができない光といわれる。

⑤法蔵菩薩《ほうぞうぼさつ》／世自在王仏《せじざいおうぶつ》…「法蔵菩薩」は、阿弥陀仏《あみだぶつ》が仏となる前、菩薩（さとりを求めて修行する人）の地位にあったときの名。「世自在王仏」は、法蔵菩薩の師。

⑥浄土《じょうど》…仏のさとりによってつくられているきよらかな世界。

⑦覩見《とけん》…よく見ること。

⑧願《がん》／大弘誓《だいぐぜい》…「願」とは本願ともいい、仏になる前、菩薩として修行中のときに立てられた願いのこと。必ず成し遂げようと誓うので誓願という。またすべての人々を救いたいという、広大なる願いであるので、弘願、弘誓、弘誓願、大弘誓等ともいう。ここでは法蔵菩薩の本願（四十八願）のこと。

⑨五劫《ごこう》…劫は古代インドにおける時間の単位で、きわめて長い時間を表す。

⑩十方《じっぽう》…東・西・南・北・東南・西南・東北・西北・上・下、あらゆる方向のこと。

⑪塵刹《じんせつ》…刹は国土の意。塵は無数の量りしれない数を表す。

⑫群生《ぐんじょう》…多くのものが群がり生ずるの意。迷いの世界に生きるあらゆる生き物のこと。衆生《しゅじょう》（生きとし生けるもの）ともいう。

⑬正定《しょうじょう》の業《ごう》…名号を称《とな》えることは、浄土に生まれることが正《まさ》しく定まる業（行為）であり、必ず仏となる身になること。

⑭至心信楽《ししんしんぎょう》の願《がん》…四十八願の第十八願のこと。『大無量寿経』には、「私が仏になったとき、あらゆる人々がまことの心をおこし（至心）、疑いなく信じ楽《ねが》って（信楽）、私の浄土に生まれたいと願い、念仏するならば、必ず生まれさせよう。もしそうでないならばさとりを開かない」と説かれる。

⑮大涅槃《だいねはん》…涅槃は、梵語ニルヴァーナの音訳語で「滅」「滅度」とも訳され、煩悩の炎が吹き消された状態、寂静《じゃくじょう》の状態を表す。仏教が目的とする苦から解放された境地を指す言葉。

---

⑯必至滅度《ひっしめつど》の願《がん》…四十八願の第十一願のこと。『大無量寿経』には、「私が仏となったとき、私の浄土に生まれた人々が仏となるべき身と定まり、必ずさとりの世界に至らないならば、さとりを開かない」と説かれる。

⑰五濁《ごじょく》…末世において増していく社会的・精神的・身体的な五種の汚れ、乱れ、衰えのこと。①劫濁《こうじょく》（社会的な諸悪）②見濁《けんじょく》（諸々の邪悪な見解）③煩悩濁《ぼんのうじょく》（貪欲《とんよく》・瞋恚《しんに》などの心や身を悩まし煩《わずら》わすもの）④衆生濁《しゅじょうじょく》（十悪を犯すなど衆生の資質が低下すること）⑤命濁《みょうじょく》（人間の寿命が短くなること）の五つ。

⑱凡聖《ぼんしょう》…煩悩《ぼんのう》によって迷っている凡夫《ぼんぶ》と、迷いを超えた聖者のこと。

⑲逆謗《ぎゃくほう》…五逆罪《ごぎゃくざい》と誹謗正法《ひほうしょうぼう》のこと。五逆罪は一般的には、①父親を殺すこと②母親を殺すこと③阿羅漢《あらかん》（さとりを得た仏弟子）を殺すこと④僧伽《そうぎゃ》（仏教の修行者のあつまり）の和を乱すこと⑤仏の体から血を流すこと、と説かれる。誹謗正法は、正しい仏の法をそしること。

⑳回入《えにゅう》…心をひるがえし仏道に入っていくこと。

㉑摂取《せっしゅ》の心光《しんこう》…衆生を摂《おさ》め取って捨てない仏の心の光のこと。

㉒無明《むみょう》…真理に明らかでないことで、迷いの根源のこと。

㉓貪愛《とんあい》・瞋憎《しんぞう》…貪愛は、貪欲《とんよく》ともいい、むさぼり求めること。瞋憎は、瞋恚《しんに》ともいい、憎み怒ること。いずれも最も根本的な煩悩であり、愚痴《ぐち》（真実を知らないこと）とあわせて、三毒《さんどく》という。

㉔横《よこさま》…常識では説明のつかないこと、順序次第を経ないこと。

㉕五悪《ごあく》の趣《しゅ》…趣はおもむく、向かっていくの意で、なした行為の報いとして得る状態または世界のこと。天・人・畜生《ちくしょう》・餓鬼《がき》・地獄の五つをいう。

㉖超截《ちょうぜつ》…迷いのあり方を超え、その束縛を断ち切ること。

㉗凡夫人《ぼんぶにん》…聖者に対して愚《おろ》かで凡庸《ぼんよう》な人の意。

㉘広大勝解《こうだいしょうげ》の者《ひと》…勝解は殊勝の領解のことで、真理を領解した人のこと。

㉙分陀利華《ふんだりけ》…白蓮華《びゃくれんげ》のこと。仏や仏の法、仏の世界は、煩悩に汚されないそのきよらかさから蓮華にたとえられる。

㉚念仏《ねんぶつ》…「南無阿弥陀仏」と阿弥陀仏の名を称《とな》え、念ずること。

㉛邪見《じゃけん》・憍慢《きょうまん》…邪見は、真理を否定する誤った見解のこと。憍慢は、おごり高ぶって、自らを誇り、他をあなどること。

㉜印度《いんど》・西天《さいてん》の論家《ろんげ》…印度・西天はインドのこと。論家は、インドの龍樹《りゅうじゅ》・天親《てんじん》（世親《せしん》）を指す。

㉝中夏《ちゅうか》・日域《じちいき》の高僧《こうそう》…中夏・日域は中国・日本のこと。高僧は、中国の曇鸞《どんらん》・道綽《どうしゃく》・善導《ぜんどう》、日本の源信《げんしん》・源空《げんくう》（法然《ほうねん》）を指す。

㉞大聖《だいしょう》…大いなる聖者・聖人の意。ここでは釈尊を指す。

㉟興世《こうせ》…世に現れ出たこと。ここでは釈尊が世に出たことを指す。

㊱楞伽山《りょうがせん》…釈尊が『楞伽経《りょうがきょう》』を説かれた場所のこと。スリランカにあるという山の名前。

㊲告命《ごうみょう》…釈尊の仰せのこと。

㊳有無《うむ》の見《けん》…有の見解と無の見解のこと。存在や死後について、有る（存在する）という見解や逆に無い（存在しない）という見解は、仏教では、どちらも事物の真実の姿を知らない誤った見解とされる。

㊴摧破《ざいは》…くだきやぶること。

㊵大乗《だいじょう》…人々を乗せる大きな乗り物の意で、すべての人々をさとりに導く教えのこと。

㊶歓喜地《かんぎじ》…菩薩の修行段階の一つで、菩薩が初めて聖者となってよろこびの心がおこる位《くらい》（段階）のこと。

㊷難行《なんぎょう》／易行《いぎょう》…難行は自力による困難な行、易行は他力による修しやすい行。

㊸憶念《おくねん》…心に念じ持《たも》つこと、思いつづけること。

㊹必定《ひつじょう》…必ず仏になることが定まること。また、仏になることが定まった位《くらい》のこと。

㊺大悲《だいひ》…仏の大いなる憐《あわ》れみの心。衆生を慈《いつく》しんで楽を与えることを「慈」というのに対して、衆生を憐れんで苦を抜くことを「悲」という。

㊻無碍光如来《むげこうにょらい》…阿弥陀仏のこと。

㊼修多羅《しゅたら》…経のこと。ここでは『大無量寿経《だいむりょうじゅきょう》』を指す。

㊽横超《おうちょう》…横は、よこさまに救いが実現する他力の仏道を表す。超は、すみやかに迷いを超える仏道を表す。

㊾光闡《こうせん》…教えをひろく述べること。光はひろい、ひろめる、闡は述べるの意。

㊿回向《えこう》…衆生をさとりに導く阿弥陀仏のはたらきのこと。

(51)功徳大宝海《くどくだいほうかい》…大きな宝の海にたとえられる念仏の利益のこと。

(52)大会衆《だいえしゅ》…如来の広大なる会座《えざ》（仏の教えを聞く集まり）に集《つど》う人々のこと。

(53)蓮華蔵世界《れんげぞうせかい》…『華厳経』に説かれる浄土のこと。ここでは蓮華のような徳をそなえた阿弥陀仏の浄土世界を指す。

(54)真如法性《しんにょほっしょう》…真如も法性も、ともに仏教の真理を指す。真如は、「そのまま、ありのままである」という意で、すべての現象、事物の根本の真実のこと。法性は、法はすべての存在・事物の意で、その存在・事物の本質、本性のこと。

(55)神通《じんずう》…仏のもつ不可思議な智慧や能力のこと。

(56)応化《おうげ》…一人ひとりに応じて、説法のためにさまざまな姿形をとって現れること。

(57)梁《りょう》の天子《てんし》…南朝の梁の初代武帝《ぶてい》（四六四～五四九年）のこと。

深く仏教を信奉した皇帝で、名は蕭衍《しょうえん》で、蕭王《しょうおう》とも呼ばれる。

58 三蔵流支《さんぞうるし》…インド出身の僧・菩提流支《ぼだいるし》（?〜五二七年）のこと。三蔵は、経（仏の教え）・律（戒律《かいりつ》）・論（教えに対する解釈）の三つのことで、仏教の典籍を総称して三蔵という。またこの三蔵に精通した僧のことを、三蔵法師ともいう。

59 仙経《せんぎょう》を焚焼《ぼんしょう》して…焚焼は焼くこと。仙経は道教の書籍のこと。不老長生の術を求めて祈祷《きとう》などを行う道教の教えを捨てたこと。

60 報土《ほうど》…報は結果、むくいのことで、それぞれの菩薩が立てた誓願にむくい現れた独自の浄土のこと。ここでは、法蔵菩薩の本願に応じて現れた阿弥陀仏の浄土を指す。

61 往還《おうげん》の回向《えこう》…往相回向《おうそうえこう》と還相回向《げんそうえこう》のこと。曇鸞大師は、阿弥陀仏の回向のはたらきには、一切衆生とともに浄土に生まれる往相と、浄土からこの世界にかえり、一切衆生を教化してともに仏道に向かわせる還相とがあることを明らかにした。

62 他力《たりき》…阿弥陀仏の本願の力（はたらき）のこと。

63 正定《しょうじょう》…浄土に往生し仏に成ることが正しく定まること。

64 惑染《わくぜん》の凡夫《ぼんぶ》…惑は煩悩のこと、染は汚れていること。煩悩のために汚れている凡夫。

65 無量光明土《むりょうこうみょうど》…量《はか》りしれない光明がかがやく国土の意で、阿弥陀仏の浄土のこと。

66 聖道《しょうどう》／浄土《じょうど》…穢土《えど》の世界において聖者となり、仏になる道・教えを聖道、聖道門という。また浄土に生まれ、仏になる道・教えを浄土門という。

67 自力《じりき》…自分の能力や努力を頼みとする人間のあり方。

68 勤修《ごんしゅ》を貶《へん》す…貶はおとす、けなすこと。勤修は勤め修めること。自力で勤める修行によってさとりを得ることが難しいとはっきり示されたこと。

69 円満《えんまん》の徳号《とくごう》…あらゆる功徳をかけることなく満たしている名号のこと。

70 三不三信《さんぷさんしん》…三つの不信と三つの信のこと。三信は、淳心《じゅんしん》（純粋で飾り気のない心）・一心（決定し疑いない心）・相続心（変わらず持続する心）で、他力の信心のこと。三不信はそれに反する疑う心のこと。

(71)誨《おしえ》、慇懃《おんごん》にして…誨はおしえさとすこと。慇懃はねんごろ、ていねいなこと。

(72)像《ぞう》・末《まつ》・法滅《ほうめつ》…仏教の時代観で、釈尊が亡くなった後の五百年あるいは千年間を正法《しょうぼう》、続く千年間を像法《ぞうほう》、そしてそれ以後を末法《まっぽう》という。末法を一万年とし、その後仏法が滅して尽きてしまう時代を法滅《ほうめつ》という。

(73)安養界《あんにょうかい》…安らかに心身を養う世界の意で、阿弥陀仏の浄土のこと。

(74)定散《じょうさん》…定散は、定善《じょうぜん》と散善《さんぜん》のこと。心を静め集中して修する善と、散乱する心のままに悪をやめて善を修すること。また、それらの修行を行う人のこと。『観無量寿経』に説かれる。

(75)逆悪《ぎゃくあく》…五逆と十悪のこと。十悪は仏道を妨《さまた》げる、十種の悪い心と行為のこと。①生命を損なうこと（殺生《せっしょう》）②盗みをはたらくこと（偸盗《ちゅうとう》）③道にはずれた性的関係（邪婬《じゃいん》）④嘘をつくこと（妄語《もうご》）⑤二枚舌を使って関係を壊すこと（両舌《りょうぜつ》）⑥人の悪口を言うこと（悪口《あっく》）⑦おべっかを言うこと（綺語《きご》）⑧自己の欲するものをむさぼり求めること（貪欲《とんよく》）⑨怒ること（瞋恚《しんに》）⑩真理に昏《くら》く、自分の見解に固執《こしゅう》すること（愚痴《ぐち》）。

(76)韋提《いだい》…韋提希《いだいけ》のこと。釈尊在世当時のインドの国・マガダ国の頻婆娑羅王《びんばしゃらおう》の后《きさき》で、阿闍世《あじゃせ》の母。

(77)三忍《さんにん》…忍ははっきり認識することで、『観無量寿経』で説かれる韋提希が得た三つの心のこと。喜（信心にそなわる喜びの心）・悟（仏の智慧によって迷いから覚めた心）・信（本願を疑いなく信じる心）の三忍のこと。

(78)法性《ほっしょう》の常楽《じょうらく》…真理にかなったさとりの境地のことで、永遠に変化しない苦しみを離れた境地のこと。

(79)専雑《せんぞう》の執心《しゅうしん》…専は専《もっぱ》ら阿弥陀仏の名号を称えること、雑は念仏の他にさまざまな行を修めること。執心はしっかり握って持《たも》つ心の意で、専の執心（念仏一つを深くしっかり持ちつづける心）と、雑の執心（あれこれと迷い念仏一つを持ちつづけられない心）のこと。

(80)報《ほう》・化《け》二土《にど》…報土と化土《けど》の二つの世界のこと。報土は真実の浄土のことで、化土は衆生を真実の浄土へと導くための仮の世界のこと。

81 倦《ものう》きこと無《な》く…疲れること、あきることがないこと。

82 片州《へんしゅう》…片隅の国の意で、インド・中国などに対して日本を指す。

83 選択本願《せんじゃくほんがん》…法蔵菩薩が、すべての人々を救うために念仏一つを選びとった本願のこと。

84 生死輪転《しょうじりんでん》…自らが迷っている状態（生死）に気づかず、車輪が転がるようにその迷いの状態をくりかえすあり方のこと。

85 寂静無為《じゃくじょうむい》…さとりの世界のこと。煩悩の炎が吹き消された涅槃の状態は、静寂の境地であるから寂静といい、凡夫が為すことをこえた世界であるから無為という。

86 弘経《ぐきょう》の大士《だいじ》・宗師等《しゅうしとう》…弘経は経をひろめること。大士はインドの龍樹菩薩・天親菩薩のこと。宗師は曇鸞大師・道綽禅師・善導大師・源信僧都・源空（法然）上人のこと。

87 拯済《じょうさい》…拯も済もすくうこと。

88 道俗時衆《どうぞくじしゅ》…道俗は僧侶と俗人のこと。僧侶であれ、俗人であれ、その時代の人々ということ。

〈付録〉

二・親鸞聖人略年表

掲載の略年表は、『はじめて読む親鸞聖人のご生涯』（教学研究所編集・東本願寺出版発行）収載の略年表を基に掲載したものです。

西暦	元号	歳	事項
一一七三	承安三	一	京都で誕生。
一一八一	養和元	九	慈円《じえん》のもとで出家し、範宴《はんねん》と名のる。 平清盛《たいらのきよもり》没。全国的な飢饉《ききん》（養和《ようわ》の大飢饉）。
一一八二	寿永元	一〇	この年、恵信尼《えしんに》誕生。
一一九二	建久三	二〇	源頼朝《みなもとのよりとも》、征夷大将軍《せいいたいしょうぐん》となる。
一二〇一	建仁元	二九	堂僧《どうそう》をつとめていた延暦寺を出て、六角堂に参籠《さんろう》し九十五日目に聖徳太子《しょうとくたいし》の夢告《むこく》により法然《ほうねん》の門に入る。
一二〇四	元久元	三二	十一月、「七箇条制誡《しちかじょうせいかい》」に「僧綽空《しゃくくう》」と署名する。
一二〇五	元久二	三三	法然より『選択本願念仏集《せんじゃくほんがんねんぶつしゅう》』の書写と法然真影の図画《ずえ》を許される。夢告により「綽空」の名を改める。 興福寺による専修念仏停止《せんじゅねんぶつちょうじ》の動き高まる（興福寺奏状《こうふくじそうじょう》）。
一二〇七	承元元	三五	二月、専修念仏停止により法然らとともに処罰され、越後国府に流罪《るざい》となる（承元《じょうげん》の法難《ほうなん》）。
一二一一	建暦元	三九	三月、息男信蓮房《しんれんぼう》誕生。十一月、法然とともに流罪赦免《しゃめん》となる。
一二一二	建暦二	四〇	一月、法然没。九月、『選択本願念仏集』刊行。
一二一四	建保二	四二	越後から関東へ向かう途中、上野佐貫で「三部経」千部読誦を発願《ほつがん》するが中止。やがて常陸へ向かう。
一二二四	元仁元	五二	『教行信証』を書きすすめる。息女覚信尼《かくしんに》誕生。

一二二七	安貞元	五五	延暦寺衆徒《しゅと》、法然の墳墓《ふんぼ》を破却《はきゃく》（嘉禄《かろく》の法難）。専修念仏停止となる。
一二三〇	寛喜二	五八	五月、『唯信鈔《ゆいしんしょう》』を書写する。 全国的な大飢饉（寛喜《かんぎ》の大飢饉）。
一二三一	寛喜三	五九	病床《びょうしょう》で『大無量寿経《だいむりょうじゅきょう》』を読むが、建保《けんぽう》二年の「三部経」読誦の反省を思いかえし中止する（寛喜の内省《ないせい》）。
一二三二	貞永元	六〇	このころ、京都に帰り、五条西洞院《ごじょうにしのとういん》に住すという。また、このころまでに坂東本《ばんどうぼん》『教行信証』の草稿《そうこう》がなり、以後晩年に至るまで改訂《かいてい》が続けられる。
一二三五	嘉禎元	六三	孫如信《にょしん》誕生。
一二四七	宝治元	七五	二月、従兄弟《いとこ》で門弟の尊蓮《そんれん》に『教行信証』書写を許す。
一二四八	宝治二	七六	一月、『浄土和讃《じょうどわさん》』『浄土高僧和讃《じょうどこうそうわさん》』を著《あらわ》す。以後、最晩年まで活発な著述を続ける。
一二五一	建長三	七九	このころより関東での異議《いぎ》を制止する書状《しょじょう》を多く発する。
一二五五	建長七	八三	六月、門弟専信《せんしん》に『教行信証』書写を許す。 十二月、火災に遭《あ》い、三条富小路《さんじょうとみのこうじ》善法坊に移る。この年、『安城御影《あんじょうのごえい》』描かれる。
一二五六	康元元	八四	五月、息男善鸞《ぜんらん》を義絶《ぎぜつ》する。
一二五七	正嘉元	八五	二月、「弥陀の本願信ずべし」の夢告を感得《かんとく》し、改訂中の『正像末和讃《しょうぞうまつわさん》』に書き入れる。
一二五八	正嘉二	八六	十二月、善法坊で「獲得名号自然法爾《ぎゃくとくみょうごうじねんほうに》」を門徒顕智《けんち》に語る。
一二六〇	文応元	八八	十一月、門徒乗信《じょうしん》に書状を送り、法然の法語《ほうご》を示し生死無常《しょうじむじょう》のことわりを語る。
一二六二	弘長二	九〇	十一月二十八日、善法坊で入滅。 十二月、覚信尼が越後の恵信尼に書状を送り、父の入滅を伝える。

親鸞聖人《しんらんしょうにん》の自筆《じひつ》にふれる 正信念佛偈《しょうしんねんぶつげ》

2021（令和 3）年 3 月 10 日　初　版第 1 刷　発行
2024（令和 6）年 3 月 10 日　第 2 版第 1 刷　発行

編 集 協 力　聖教編纂室
発　行　者　木越　渉
編集・発行　東本願寺出版（真宗大谷派宗務所出版部）
〒 600-8505　京都市下京区烏丸通七条上る
TEL　075-371-9189（販売）
075-371-5099（編集）
FAX　075-3719211
印刷・製本　中村印刷株式会社
装　　　幀　KST プロダクション

ISNB　978-4-8341-0629-9　C0015　Printed in Japan